外国知识产权法律译丛

U1075997

日本著作权法

李 扬［译］

知识产权出版社
INTELLECTUAL PROPERTY PUBLISHING HOUSE

内容提要

本书为日本著作权法最新修订版的中文译本。

读者对象：知识产权领域从业人员，高校法学院师生

责任编辑：卢海鹰　　　　**责任校对**：韩秀天
版式设计：Zdesign書裝設計　　　　**责任出版**：卢运霞

图书在版编目(CIP)数据

日本著作权法/李扬译．—北京：知识产权出版社，2011.1
(外国知识产权法律译丛)
ISBN 978-7-5130-0212-7
Ⅰ．①日…　Ⅱ．①李…　Ⅲ．①著作权法—日本
Ⅳ．①D931.33
中国版本图书馆 CIP 数据核字（2010）第 195084 号

外国知识产权法律译丛
日本著作权法
RIBEN ZHUZUOQUANFA
李　扬　译

出版发行：知识产权出版社

社　址：	北京市海淀区马甸南村 1 号	邮　编：	100088
网　址：	http://www.ipph.cn	邮　箱：	bjb@cnipr.com
发行电话：	010—82000860 转 8101/8102	传　真：	010—82005070/82000893
责编电话：	010—82000860 转 8122		
印　刷：	知识产权出版社电子制印中心	经　销：	新华书店及相关销售网点
开　本：	880mm×1230 mm　1/32	印　张：	3.125
版　次：	2011 年 1 月第 1 版	印　次：	2011 年 1 月第 1 次印刷
字　数：	80 千字	定　价：	18.00 元

ISBN 978-7-5130-0212-7/D・1094（3152）

出版说明

知识产权出版社自成立以来一直秉承“为知识产权事业服务、为读者和作者服务、促进社会发展和科技进步”的办社宗旨，竭诚为知识产权领域的行政管理者、高校相关专业师生、法律实务工作者以及社会大众提供最优质的出版服务。

为满足国内学术界、法律实务界对相关国家知识产权法律的了解、学习及研究需求，知识产权出版社组织国内外相关法学知名学者翻译出版了这套“外国知识产权法律译丛”，涉及的外国法律主要包括美国、法国、德国、日本等国家的最新专利法、商标法、著作权法。陆续出版的相关法律（中文译本）包括：《外国专利法选译》《日本商标法》《日本著作权法》《法国知识产权法典》《美国专利法》《美国商标法》《美国著作权法》《德国著作权法》《德国商标法》等，其他具有代表性的国家或洲际的知识产权法律中译本也将适时分别推出。

真诚期待各位读者对我们出版的本套丛书提出宝贵意见。

知识产权出版社

2011 年 1 月

译者的话

不可否认，我国著作权法很大程度上沿袭了日本著作权法。然日本现行著作权法自 1970 年制定颁布、1971 年实施以来至 2009 年止，为了因应科技、经济、社会巨大变化，已经进行了大小近 30 次修改。值我国著作权法面临重大修改之际，及时将最新修订的日本著作权法翻译到国内，应该说对促进我国著作权立法进步和学术研究信息的更新都有所裨益。为此目的，笔者在多年研习日本著作权法的基础上，尝试为之，希望达成所愿。

因笔者水平所限，翻译中虽尽量通过注释解释日文原文中的疑难之处，但因日本著作权法条文结构复杂、引用条款甚多，笔者虽绞尽脑汁并咨询日本友人以至反复多次，仍不免误译之处，恳请各位同仁海涵并不吝批评指正！

在此，要真诚感谢知识产权出版社为译本提供了出版机会，特别要感谢该社责任编辑卢海鹰女士的辛勤工作以及提出的各种宝贵意见和建议，她宝贵的意见和建议使译本增色不少。

李　扬

2010 年 11 月 6 日

目　　录

第一章　总则 …… 1
第一节　一般规定 …… 1
第二节　适用范围 …… 10
第二章　作者的权利 …… 13
第一节　作品 …… 13
第二节　作者 …… 15
第三节　权利的内容 …… 15
第一小节　总则 …… 15
第二小节　作者人格权 …… 16
第三小节　著作权的权利种类 …… 19
第四小节　电影作品著作权的归属 …… 22
第五小节　著作权的限制 …… 23
第四节　保护期限 …… 42
第五节　作者人格权的人身专属性等 …… 44
第六节　著作权的转让和消灭 …… 45
第七节　权利的行使 …… 45
第八节　根据裁定对作品的使用 …… 47
第九节　补偿金等 …… 50
第十节　登记 …… 52
第三章　出版权 …… 54

第四章　著作邻接权 …… 57
第一节　总则 …… 57
第二节　表演者的权利 …… 58
第三节　录音制品制作者的权利 …… 64
第四节　播放组织的权利 …… 66
第五节　有线播放组织的权利 …… 67
第六节　保护期限 …… 67
第七节　表演者人格权的人身专属性等 …… 68
第八节　权利的限制、转让、行使等以及登记 …… 68

第五章　私人录音录像补偿金 …… 73

第六章　纠纷解决 …… 77

第七章　权利侵害 …… 79

第八章　罚则 …… 88

日本著作权法[1]

（1970年5月6日颁布，1971年1月1日实施。分别于1978年、1981年、1983年、1984年、1985年、1986年、1988年、1989年、1991年、1992年、1993年、1994年、1995年、1996年、1997年、1998年、1999年、2000年、2001年、2002年、2003年、2004年、2005年、2006年、2008年、2009年修改）

第一章 总　　则

第一节 一般规定

第一条 （目的）

本法目的在于通过规定有关作品以及表演、录音制品、播放和有线播放的作者权利及其邻接权，在注重这些文化财产公正利用的同时，保护作者等的权利，以促进文化的发展。

第二条 （定义）

本法中，下列各项用语的含义，以下列各项规定为准。

（一）作品，指文学、科学、艺术、音乐领域内，思想或者

[1] 根据日本2010年最新的著作权法翻译。

感情的独创性表现形式。

（二）作者，指创作作品的人。

（三）表演，指通过具有戏剧效果的演出、舞蹈、演奏、歌唱、背诵、朗诵或者其他表演方式再现作品的行为（包括虽不再现作品，但具有文艺性质的类似行为）。

（四）表演者，指演员、舞蹈者、演奏者、歌手和其他从事表演活动的人，以及指挥、导演表演活动的人。

（五）录音制品，指固定了声音的光盘、录音磁带和其他有形介质，但专门为了和影像同时播放的录音制品除外。❶

（六）录音制品制作者，指首次将声音固定在录音制品上的人。

（七）商业录音制品，指以市场销售为目的而制作的录音制品复制品。

（七之二）公众传播，指以公众直接接收为目的、通过无线通信或者有线电信通信方式进行的传播，但使用一部分和其他部分设置在同一建筑物区域内的电信设备（在该建筑物区域被两个或者两个以上的人占有时，则是指由同样的人占有、所有的部分都设置在同一区域内的电信设备）进行的传播除外（计算机程序

❶ 与“录音制品”对应的日文原词为“レコード”，与之对应的英文为“record”。之所以翻译成“录音制品”而不翻译成“唱片”，是因为录音制品主要指胶木 78 转录音制品、黑胶录音制品及 CD 光盘等传播声音的介质。而从日本著作权法第二条第一款第（五）项的规定看，“レコード”不仅包括录音制品，而且包括录音磁带和其他有形介质。

的传播除外)。[1]

(八) 播放，指以公众同时接收同一内容为目的、通过无线通信方式进行的公众传播。[2]

(九) 播放组织，指以播放为业的组织。

(九之二) 有线播放，指以公众同时接收同一内容为目的、通过有线电信方式进行的公众传播。

(九之三) 有线播放组织，指以有线播放为业的组织。

(九之四) 自动公众传播，指应公众的请求自动进行的公众

---

[1] 日本著作权法规定的“公众传播”包括无线传播、有线传播和自动公众传播。但是，按照该定义，通过设置在同一个建筑物区域内的电气通信设备进行的传播，比如在音乐会场，为了让后排的观众看清楚和听清楚歌手的歌唱，通过设置在音乐会现场的播放设备在现场进行的播放，不属于公众传播。但是，当该建筑物区域分别由不同的人占有时，比如，同一栋大楼的不同楼层属于不同的人占有时，则只有通过设置在同一楼层内的播放设备向同一层楼的人进行的播放，才不属于公众传播；如果通过设置在不同楼层的播放设备向不同楼层的人播放，则属于向公众传播。此外，如果传播的是计算机程序，则不管是有线，还是无线，不管是否是在同一区域内进行传播，都属于向公众传播。

[2] 对应“播放”的日文原词为“放送”，之所以翻译成“播放”而不翻译成“广播”，是因为“放送”包括了广播电台进行的“广播”和电视台进行的“播放”，而在我国，“广播”往往被理解为仅仅指广播电台的广播，而不包括电视台的播放，因而只有翻译成“播放”才能概括日文原词“放送”的含义。本来从分类上讲，传播应该是有线传播、无线传播、自动公众传播的上位概念，但由于传播被纳入著作权法调整时，一直就只在无线传播的意义上使用，因此在日本将有线传播、自动公众传播纳入著作权法中调整时，也就保留了这个有时让人困惑的分类。这是在理解“播放”的含义时必须注意的。

传播（播放和有线播放除外）。❶

（九之五）传播可能化，指采用下列方式之一使自动公众传播成为可能的行为：

1. 在已经与提供给公众使用的电信线路相连接的自动公众传播服务器（指当连接到供公众使用的电信线路上时，能够发挥自动向公众传播储存在该服务器中的供公众进行自动公众传播使用的储存媒介上（本项以及第四十七条之五第一款第一项中称为“公众传播用储存媒介”）的信息或者上载到该自动公众传播服务器中的信息的作用的装置）的公众传播用储存媒介上记录信息的行为，❷ 将已经储存了信息的储存媒介作为自动公众传播服务器的公众传播用储存媒介加载到自动公众传播服务器上的行为，❸ 将储存了信息的储存媒介转换为自动公众传播服务器的公众传播用储存媒介的行为，❹以及在自动公众传播用服务器中上载信息的行为。❺

2. 将储存了信息的公众传播储存媒介或者上载了信息的自动公众传播服务器与供公众使用的电信线路进行连接（指由架设线路、启动自动公众传播服务器、启动传播或者接收用的计算机

---

❶ 日本著作权法将我国著作权法规定的信息网络传播权分解为两种权利，即自动公众传播权和传播可能化权。所谓自动公众传播权，强调的是应公众的请求通过服务器和主机自动进行的传播，具有传播的交互性和非传播者的意志性。比如，通过电子邮件和传真发送作品给他人，就不是自动公众传播行为。而公众去某些收费或者不收费的网站上搜索、下载有关知识产权的文章时，这些网站自动提供文章下载的行为则属于自动公众传播行为。

❷ 比如将信息上传到 BBS 上的行为。

❸ 比如将存入了信息的外挂移动硬盘连接在服务器上作为能够进行信息网络传播装置加以利用的行为。

❹ 比如将存入了信息的文件夹使用 P2P 软件将其改变成供公众进行信息网络传播使用的文件夹的行为。

❺ 比如直接将现场表演通过互联网进行播放的行为。

程序等一连串行为组成的行为）的行为。[1]

（十）电影制作者，指发起制作电影作品并承担责任的人。

（十之二）计算机程序，指为了让计算机发挥功能以获得一定运算结果的一系列指令的集合表达。

（十之三）数据库，指由论文、数值、图形以及其他信息有机构成的、能够用计算机进行检索的信息集合体。

（十一）二次作品，指通过翻译、编曲、改变形式、改编成剧本、拍摄成电影或者其他改编方法创作的作品。[2]

（十二）合作作品，指两人以上合作创作，并且每个人创作的部分无法分开单独使用的作品。[3]

（十三）录音，指将声音固定在介质上或者将该介质制作一份或者多份。

（十四）录像，指将连续的影像固定在介质上或者将该介质制作一份或者多份。

（十五）复制，指通过印刷、照相、复印、录音、录像或者其他方法进行有形形式的再制作。有下列情形之一的，属于复制行为：

---

[1] 日本著作权法规定的“传播可能化行为”是自动公众传播的前提行为或者准备行为，也就是将有关内容上载到互联网站上，从而使该内容处于应公众请求可以进行自动公众传播可能化状态的行为。日本著作权法之所以规定这种行为应当受著作权人控制，是考虑到究竟何时进行、对谁进行了自动公众传播的行为，著作权人往往难以把握，因而需要有一种权利控制自动公众传播的前提或者准备行为，以保证自动公众传播权能够收到实效。

[2] 日本著作权法所指的二次作品，就是我国著作权法中所指的演绎作品。

[3] 日本著作权法规定的合作作品，相当于我国著作权法中规定的“不可分割使用的合作作品”，因此日本著作权法中并不存在我国著作权法规定的“可以分割使用的合作作品”概念。在一个作品中各个部分可以分割单独使用的情况下，日本著作权法不认为该作品属于合作作品，而是认为属于第十二条规定的“编辑作品”。

1. 剧本和其他类似通过戏剧化方式使用的作品，复制包括对该作品的表演、播放或者有线播放进行录音、录像。

2. 建筑作品，复制包括按照建筑图纸完成建筑物。

（十六）上演，指通过演奏（包括歌唱。以下同）以外的方法表演作品。

（十七）上映，指在银幕或者其他介质上放映作品（公众传播的作品除外），包括同时播放固定在电影作品中的声音。

（十八）口述，指通过朗诵或者其他方法口头传达作品（表演中的口头传达除外）。

（十九）发行，指通过有偿或者无偿的方式向公众转让或者出租作品复制品。电影作品或者电影作品当中被复制的作品，发行包括以向公众提示❶为目的转让、出租该电影作品的复制品。

（二十）技术保护措施，指用来预防或者阻止（指对著作权侵害行为的结果会产生显著障碍的行为。第三十条第一款第二项的规定相同）侵害第十七条第一款规定的著作人格权或者著作权或者第八十九条第一款规定的表演者人格权或者第八十九条第六款规定的著作邻接权（以下各项称为著作权等）的电子方法、电磁方法或者其他人的知觉不能识别的方法（以下各项称为电磁的方法）（但不是基于著作权等权利人的意思所采用的技术措施除外），在作品、表演、录音、播放或者有线播放（以下各项称为作品等）被非法储存在储存媒介上或者传播（未经作者或者表演者同意使用的，包括应该构成著作人格权或者表演者人格权侵权的行为）的，这些方法会记录或者发出导致非法利用这些作品的机器发生特定反应的信号。

---

❶ 日本著作权法中经常出现“提供”和“提示”两个概念，它们的区别是：“提供”的结果会使公众得到作品原件或者复制件，比如转让、出租行为。而“提示”的结果虽可使公众接触到作品，但得不到作品原件或者复制件，比如演奏、上演、上映、朗诵等行为。两者的共同之处是，都能够使公众接触到作品或者作品复制件。

（二十一）权利管理信息，指有关第十七条第一款规定的著作人格权或者著作权或者第八十九第一款至第四款规定的权利（以下各项称为著作权等）的信息。包括下列第 1 小项至第 3 小项所列的、采用电磁方法和作品、表演、录音、播放或者有线播放所属的声音或者影像一起储存在储存媒介上或者进行传播的信息。但没有用来确定作品等的使用状况、处理作品等的使用许可事务或者进行著作权等其他事务管理的信息（限定于通过计算机操作）除外。

1. 确定作品等、著作权等权利人和其他相应的政令规定事项的信息。

2. 关于作品等的使用许可、使用方法、使用条件的信息。

3. 通过和其他信息比较能够核对上述第 1、2 小项规定中相关事项的信息。

（二十二）国内，指本法施行的地域范围。

（二十三）国外，指本法施行地域范围以外的地域范围。

本法所称的美术作品，包括美术工艺品。

本法所称的电影作品，包括采用类似电影效果的视觉或者视听觉效果的方法表现并且固定在某个载体上的作品。

本法所称的摄影作品，包括采用类似摄影的制作方法加以表现的作品。

本法所称的公众，包括特定的多数人。

本法所称的法人，包括没有法人资格但具有代表人或者管理人的社团或者财团。

本法所称的上演、演奏或者口述，包括对作品的上演、演奏或者口述的录音录像进行的重新播放（但属于公众传播或者上映的除外），以及通过电信设备对作品的上演、演奏或者口述进行的传达[1]（但属于公众传播的除外）。

本法所称的出租，包括以任何名义或者方法让他人取得同等使用权的行为。

本法中，第一款第七项之二、第八项、第九项之二、第九项之四、第九项之五、第十三项到第十九项、或者前两款所列用语，都包括了各自作为动词形式使用的情况。

第三条 （作品的发行）

第二十一条规定的权利人或者经过其许可的人（指第六十三条第一款规定的使用许可。除第四条之二和第六十三条外，本章以下以及下一章的规定相同）或者第七十九条规定的获得出版权的人，制作、发行了（限于不损害第二十六条、第二十六条之二第一款或者第二十六条之三规定的权利人享有的权利的情况下）按照作品的性质能够满足公众需要的合理数量的复制品时，该作品属于发行的作品。

按照第二十八条的规定享有和第二十一条规定权利相同权利的人或者经过其许可的人制作、发行了（限于不损害按照第二十八条的规定享有和第二十六条、第二十六之二第一款或者第二十六条之三规定的权利相同权利的人的权利的情况下）前款规定数量的作为二次作品的翻译作品的复制品时，该翻译作品的原作品，视为已经发行的作品。

如果作品受到本法保护，则应该享有前两款规定权利的权利人或者经过其使用许可的人，分别视为前两款规定权利的权利人或者经过其许可的人，适用前两款的规定。

---

[1] 与“传达”对应的日文原词是“伝達”。所谓传达，在日本著作权法中是指以让公众直接看到或者听到为目的、不对作品进行任何改变的作品传播活动。相关规定请参见第二十三条第二款、第一百条、第一百条之五。

第四条　（作品的发表）

在已经发行的情况下，或者在享有第二十二条到第二十五条规定权利的权利人或者经过其许可的人已经上演、演奏、上映、公众传播、口述或者采用展览的方式向公众提示的情况下（如果是建筑作品，则包括享有第二十一规定权利的权利人或者获得其许可的人完成建筑物），该作品属于已经发表的作品。

在享有第二十三条规定权利的权利人或者经过其许可的人使作品传播可能化时，该作品视为已经发表的作品。

按照第二十八条的规定享有和第二十二条到第二十四条规定权利相同权利的权利人或者获得其许可的人上演、演奏、上映、公众传播或者采用口述方式向公众提示，或者按照第二十八条的规定享有和第二十三条第一款规定权利相同权利的权利人或者经过其许可的人使作为二次作品的翻译作品传播可能化时，作为二次作品的翻译作品的原作品，视为已经发表的作品。

美术作品或者摄影作品，第四十五条第一款规定的人按照同款规定进行了展览的情况下，视为已经发表的作品。

作品受到本法保护的情况下，应该享有第一款至第三款规定的权利的人或者经过其许可的人，分别视为享有第一款至第三款规定权利的权利人或者经过其许可的人，适用第一款至第三款的规定。

第四条之二　（录音制品的发行）

享有第九十六条规定权利的权利人或者经过其许可（指根据第六十三条第一款的规定准用于第一百零三条时的使用许可。第四章第二节和第三节的规定相同）的人，制作、发行了（限于不损害按照第九十七条之二第一款或者第九十七条之三第一款规定的权利人的权利情况下）按照录音制品的性质能够满足公众需要的合理数量的录音制品复制品时，该录音制品属于已经发行的录音制品。

第五条 （国际条约的效力）

有关作者的权利以及邻接权的国际条约有特别规定时，按照该规定处理。

第二节 适用范围

第六条 （受保护的作品）

符合下列情形之一的作品，受本法保护。

（一）日本国民（包括按照我国法令设立的法人以及主要办公场所在我国境内的法人。以下同）的作品。

（二）首先在我国境内发行的作品（包括虽然首先在国外发行、但自该发行之日起30日以内又在我国境内发行的）。

（三）前两项规定作品以外的、按照国际条约我国承担保护义务的作品。

第七条 （受保护的表演）

符合下列情形之一的表演，受本法保护。

（一）我国境内进行的表演。

（二）固定在第八条第一项、第二项列举录音制品中的表演。

（三）第九条第一项、第二项列举的播放中播放的表演（经过表演者许可在传播前已经录音或者录像的表演除外）。

（四）第九条之二列举的有线播放中传播的表演（经过表演者许可在传播前已经录音或者录像的表演除外）。

（五）除上述各项所列的表演外，还包括下列任何一项表演：

1. 在有关保护表演者、录音制品制作者以及播放组织的国际条约（以下称为表演者等保护条约）的缔约国境内进行的表演。

2. 固定在第八条第三项所列录音制品中的表演。

3. 第九条第三项所列播放中传播的表演（经过表演者许可

在传播前已经录音或者录像的表演除外）。

（六）除上述各项规定的表演外，还包括下列任何一项表演：

1. 在有关表演以及录音制品的世界知识产权组织条约（以下称为表演、录音制品条约）的缔约国境内进行的表演。

2. 固定在第八条第四项所列录音制品中的表演。

（七）除上述各项规定的表演外，还包括下列任何一项表演：

1. 在世界贸易组织成员境内进行的表演。

2. 固定在第八条第五项所列录音制品中的表演。

3. 在第九条第四项所列播放中传播的表演（经过表演者许可在传播前已经录音或者录像的表演除外）。

第八条 （受保护的录音制品）

符合下列情形之一的录音制品，受本法保护：

（一）日本国民作为制作者制作的录音制品。

（二）声音首先在我国境内被固定的录音制品。

（三）除了上述两项所列的录音制品外，还包括下列任何一项录音制品：

1. 表演者等保护条约的缔约国国民（包括按照该缔约国的法令设立的法人或者主要办公场所在该缔约国境内的法人。以下同）作为制作者制作的录音制品。

2. 声音首先在表演者等保护条约的缔约国境内被固定的录音制品。

（四）除了上述各项所列录音制品外，还包括下列任何一项录音制品：

1. 表演、录音制品条约的缔约国国民（包括按照该缔约国的法令设立的法人以及主要办公场所在该缔约国境内的法人。以下同）作为制作者制作的录音制品。

2. 声音首先在表演、录音制品条约的缔约国境内被固定的录音制品。

（五）除了上述各项所列录音制品外，还包括下列任何一项录音制品：

1. 世界贸易组织成员的国民（包括按照该成员的法令设立的法人以及主要办公场所在该成员境内的法人。以下同）作为制作者制作的录音制品。

2. 声音首先在世界贸易组织成员境内被固定的录音制品。

（六）上述各项所列录音制品以外的、按照反对未经许可对录音制品进行复制的录音制品保护条约（指第一百二十一条之二第二项中所指的录音制品保护条约），我国承担保护义务的录音制品。

第九条　（受保护的播放）

符合下列情形之一的播放，受本法保护：

（一）日本国民作为播放组织的播放。

（二）通过设置于我国境内的播放设备进行的播放。

（三）除前两项所列播放外，还包括下列任何一项播放：

1. 表演者等保护条约的缔约国国民作为播放组织的播放。

2. 通过设置在表演者等保护条约的缔约国境内的播放设备进行的播放。

（四）除上述所列播放外，还包括下列任何一项播放：

1. 世界贸易组织成员的国民作为播放组织的播放。

2. 通过设置在世界贸易组织成员境内的播放设备进行的播放。

第九条之二　（受保护的有线播放）

符合下列情形之一的有线播放，受本法保护：

（一）日本国民作为有线播放组织的有线播放（接收播放进行的有线播放除外。以下同）。

（二）通过设置在我国境内的有线播放设备进行的有线播放。

第二章　作者的权利

第一节　作　　品

第十条　（作品的例示）

本法所例示的作品，主要包括：

（一）小说、剧本、论文、演讲以及其他文字作品；

（二）音乐作品；

（三）舞蹈作品、哑剧作品；

（四）绘画、版画、雕刻以及其他美术作品；

（五）建筑作品；

（六）地图或者具有学术性质的设计图、图表、模型以及其他图形作品；

（七）电影作品；

（八）摄影作品；

（九）计算机程序。

只是传达事实的杂闻和时事报道，不属于前款第一项所列的作品。

本法对第一款第九项所列作品的保护，不及于创作该作品所用的计算机程序语言、规则、算法。在这种情况下，这些词语的含义以下列规定为准：

（一）计算机程序语言，指作为表现计算机程序手段的文字或者其他记号及其系统；

（二）规则，指有关如何使用特定计算机程序中的计算机程序语言的特定规则；

（三）算法，指计算机程序中对电子计算机发出指令的组合方法。

第十一条 （二次作品）

本法对二次作品的保护，不得影响原作品作者的著作权。

第十二条 （编辑作品）

在材料的选择或者编排方面具有独创性的编辑物（编辑物属于数据库的除外），作为作品予以保护。

编辑作品著作权的保护，不得影响组成该编辑物中的单个作品作者的著作权。

第十二条之二 （数据库作品）

在信息的选择或者系统结构上具有独创性的数据库，作为作品予以保护。

数据库作品的保护，不得影响组成该数据库的单个部分作者的著作权。

第十三条 （不成为权利客体的作品）

符合下列情形之一的作品，不得成为本章规定的权利客体。

（一）宪法和其他法令。

（二）国家或者地方公共团体机关、独立行政法人（指 1999 年法律第 103 号颁布的独立行政法人通则法第二条第一款规定的独立行政法人。以下同）或者地方独立行政法人（指 2003 年法律第 108 号颁布的地方独立行政法人法第二条第一款规定的地方行政法人。以下同）发布的告示、指示、通知等。

（三）法院的判决、决定、命令以及行政厅按照准司法程序作出的裁决、决定。

（四）国家或者地方公共团体机关、独立行政法人或者地方行政法人对前三项所列作品的翻译或者汇编。

第二节 作　　者

第十四条　（作者的推定）

在作品的原件上，或者在向公众提供或者提示作品时，将其姓名或者名称（以下称为真名）或者代替其真实姓名的众所周知的雅号、笔名、略称等（以下称为假名）采用通常的方法作为作者名表示的人，推定为该作品的作者。

第十五条　（职务作品的作者）

按照法人或者其他使用者（本条以下称为法人等）的提议，从事该法人等所属业务的人在职务上创作的（计算机程序除外）、以该法人等自己的名义发表的作品，只要该作品创作时的合同、工作规章没有特别规定，则该法人等为该作品的作者。

按照法人等的提议，从事法人等所属业务的人在职务上创作的计算机程序作品，只要该计算机程序创作时的合同、工作规章没有特别规定，则该法人等为该计算机程序的作者。

第十六条　（电影作品的作者）

电影作品中，除电影作品中被改编或者复制的小说、剧本、音乐或者其他作品的作者外，负责制作、导演、演出、摄影、美术等工作、对电影作品整体制作做出了独创性贡献的人，都是电影作品的作者。但是，适用第十五条的规定时，不在此限。

第三节　权利的内容

第一小节　总　　则

第十七条　（作者的权利）

作者享有第十八条第一款、第十九条第一款以及第二十条第一款规定的权利（以下称为著作人格权），以及第二十一条至第二十八规定的权利（以下称为著作权）。

享有著作人格权和著作权，无需履行任何手续。

第二小节　作者人格权

第十八条　（发表权）

作者对其尚未发表的作品（包括未经其同意发表的作品。本条以下同），享有向公众提供或者提示的权利。对于以该作品为原作品的二次作品，亦同。

具备下列各项所列情形之一的，推定作者同意以各项所列行为发表其作品：

（一）转让尚未发表的作品著作权时：通过行使著作权将作品提供或者提示给公众。

（二）转让尚未发表的美术作品或者摄影作品原件时：通过展览美术作品或者摄影作品的原件将作品提示给公众。

（三）按照第二十九条的规定电影作品的著作权归电影制作者时：通过行使著作权将该作品提供或者提示给公众。

具备下列各项所列情形之一的，视为作者同意以各项所列行为发表其作品：

（一）将尚未发表的作品提供给行政机关（指关于行政机关保有的信息公开的法律（以下称为行政机关信息公开法）第二条第一款规定的行政机关。以下同）时（按照行政机关信息公开法第九条第一款规定在作出公开信息决定之前，作者有特别声明的除外）：行政长官按照行政机关信息公开法向公众提供或者提示该作品。

（二）将尚未发表的作品提供给独立行政法人等（指关于独立行政法人等保有的信息公开的法律（以下称为独立行政法人等信息公开法）第二条第一款规定的独立行政法人。以下同）时（按照独立行政法人等信息公开法第九条第一款规定作出公开决定之前，作者有特别声明的除外）：独立行政法人等按照独立行政法人等信息公开法的规定向公众提供或者提示该作品。

（三）将尚未公开发表的作品提供给地方公共团体或者地方独立行政法人时（作出公开决定之前，作者有特别声明的除外）：按照信息公开条例（指关于请求公开地方公共团体或者地方独立行政法人保有的信息的住民等的权利条例。以下同），地方公共团体机关或者地方独立行政法人向公众提供或者提示该作品。

具有列情形之一时，第一款的规定不适用：

（一）按照行政机关信息公开法第五条的规定，行政机关长官将该法第五条第一项第二或者第三小项或者第五条第二项但书规定的信息中记录的尚未公开发表的作品向公众提供或者提示时，或者按照行政机关信息公开法第七条的规定，行政机关长官向公众提供或者提示尚未公开发表的作品时。

（二）按照独立行政法人等信息公开法第五条的规定，独立行政法人将该法第五条第一项第二或者第三小项或者第五条第二项但书规定的信息中记录的尚未公开发表的作品向公众提供或者提示时，或者按照独立行政法人等信息公开法第七条的规定，独立行政法人等向公众提供或者提示尚未公开发表的作品时。

（三）按照信息公开条例（限于与行政机关信息公开法第十三条第二款和第三款规定相当的规定。以下第五项的规定相同）的规定，地方公共团体机关或者地方独立行政法人向公众提供或者提示尚未公开发表的作品（限于与行政机关信息公开法第五条第一项第二小项或者第五条第二项但书规定的信息相当的信息中记录的作品）时。

（四）按照信息公开条例的规定，地方公共团体机关或者独立行政法人向公众提供或者提示尚未公开发表的作品（限于与行政机关信息公开法第五条第一项第三小项规定的信息对应的信息中记录的作品）时。

（五）按照信息公开条例规定的与行政机关信息公开法第七条规定相当的规定，地方公共团体机关或者地方独立行政法人向公众提供或者提示尚未公开发表的作品时。

第十九条　（姓名表示权）

作者享有在其作品的原件上或者在向公众提供或者提示其作品时，将其真名或者假名作为作者姓名表示或者不作为作者姓名表示的权利。在将以该作品作为原作品的二次作品提供或者提示给公众时，该原作品的姓名表示权亦同。

在作者没有特别声明的情况下，使用作品的人可以按照作品上已有的表示作者姓名的方式表示作者姓名。

按照作品的使用目的和方式不存在损害作者主张创作者身份利益的危险时，只要不违反惯例，可以省略作者姓名的表示。

具备下列情形之一的，第一款的规定不适用：

（一）按照行政机关信息公开法、独立行政法人等信息公开法或者信息公开条例的规定，行政机关的长官、独立行政法人等或者地方公共团体机关或者独立行政法人在向公众提供或者提示作品、按照作品上已有的表示作者姓名的方式表示作者姓名时。

（二）按照行政机关信息公开法第六条第二款的规定、独立行政法人等信息公开法第六条第二款的规定，或者信息公开条例规定的与行政机关信息公开法第六条第二款规定相当的规定，行政机关长官、独立行政法人等、地方公共团体机关或者地方独立行政法人向公众提供或者提示作品、省略作者姓名的表示时。

第二十条　（保护作品完整权）

作者享有保持其作品和作品标题完整性的权利、有权禁止违反其意志对其作品或者作品标题进行的修改、删除或者其他改变。

具备下列情形之一的改变，前款的规定不适用：

（一）按照第三十三条第一款（包括准用于该条第四款的情形）、第三十三条之二第一款或者第三十四条第一款的规定，出于学校教育目的，在使用作品时对作品中的字、词不得不进行的改变和其他改变。

（二）由于建筑物的增建、改建、修缮或者图案更换而进行的改变。

（三）为了将特定的电子计算机不能使用的计算机程序在该计算机中得到使用，或者为了使计算机程序在电子计算机中能够发挥更好的效果，而对计算机程序进行的必要改变。

（四）除上述三项所列情形外，其他按照作品的性质以及使用目的和使用方法不得不进行的改变。

第三小节　著作权的权利种类

第二十一条　（复制权）

作者享有复制其作品的专有权利。

第二十二条　（上演权和演奏权）

作者享有为了让公众直接看到或者听到而上演、演奏其作品的专有专利。

第二十二条之二　（上映权）

作者享有公开上映其作品的专有权利。

第二十三条　（公众传播权等）

作者享有向公众传播（在自动公众传播的情况下，包括传播可能化）其作品的专有权利。

作者享有使用接收装置公开传达其已经向公众传播的作品的专有权利。

第二十四条　（口述权）

作者享有公开朗诵其文字作品的专有权利。

第二十五条　（展览权）

作者享有公开展览其美术作品原件或者尚未发行的摄影作品原件的专有权利。

第二十六条　（发行权）

电影作品作者享有通过发行其电影作品复制品发行电影作品的专有权利。

电影作品中被复制的作品作者享有通过发行该电影作品复制品发行电影作品中被复制的作品的专有权利。❶

第二十六条之二　（转让权）

作者享有通过转让其作品（电影作品除外。本条以下同）原件或者复制品（电影作品中被复制作品的复制品除外。本条以下同）向公众提供其作品的专有权利。

作品原件或者复制品的转让具备下列情形之一的，前款规定不适用：❷

（一）享有前款规定权利的权利人或者经过其许可的人转让给公众的作品原件或者复制品。

（二）按照第六十七条第一款或者第六十九条规定的裁定，

---

❶　日本著作权法规定的与"发行权"对应的日文原词是"頒布権"，特指电影作品作者以及电影作品中被复制的小说、剧本、音乐、美术等作品的作者享有的以有偿或者无偿方式转让电影作品原件或者复制件向公众提供其作品的权利，除此之外的其他所有作品的作者不享有发行权，对其他作品作者而言，类似发行权的内容是通过第二十六条之二的转让权控制的。

日本著作权法第二十六条之所以将电影作品中被复制的小说、剧本、音乐、美术等作品与其他作品分开，赋予这些作品作者发行权而不是转让权，是因为电影作品发行时，这些作品也必然被发行。

❷　该款规定的即我国著作权法学界常说的发行权用尽原则。但由于日本著作权法将发行权和转让权分开了，因此日本著作权法中就只存在电影作品以外的作品转让权用尽原则，而不存在电影作品发行权用尽原则。

就该款规定的内容来看，第（一）项规定的是一般情况下的转让权国内用尽原则，第（二）、（三）项规定的是裁定情况下转让权的国内用尽原则，第（四）项规定的是特定情况下转让权的国内用尽原则，第（五）项规定的则是转让权国际用尽原则。

或者按照关于实施世界版权公约的著作权法特例的法律第五条第一款的规定，获得许可向公众转让的作品复制品。

（三）适用第六十七条之二第一款规定转让给公众的作品复制品。

（四）享有前款规定权利的权利人或者经过其许可的人向特定而且少数人转让的作品原件或者复制品。

（五）在不损害与前款规定权利相当的权利的情况下，或者由享有与前款规定权利相当的权利的权利人或者经过其许可的人，在国外转让的作品原件或者复制品。

第二十六条之三 （出租权）

作者享有通过出租方式向公众提供其作品原件（电影作品除外）或者复制品（电影作品中被复制作品的复制品除外）的专有权利。❶

第二十七条 （翻译权、改编权等）

作者享有通过翻译、编曲、改变形式、改成剧本、制作成电影或者其他改编形式改编其作品的专有权利。

第二十八条 （与二次作品使用有关的原作品作者的权利）

二次作品原作品的作者，对二次作品的使用，享有和二次作品作者同样的、本小节规定的著作权。

---

❶ 要注意的是，该条并不是说日本著作权法不保护电影作品或者电影作品中被复制作品的出租权。对该条的理解要结合日本著作权法第二十六条的规定。由于日本著作权法第二十六条赋予了电影作品作者和电影作品中被复制作品的作者发行权，而发行权中又包含了本条规定的出租权控制的行为，因此本条中才将电影作品和电影作品中被复制作品排除在出租权的保护范围之外。

第四小节　电影作品著作权的归属

第二十九条

电影作品（适用第十五条第一款、本条第二款或者第三款的电影作品除外）的著作权，如果其作者向电影作品制作者承诺参加该电影作品的制作，则属于电影作品制作者。❶

播放组织专门作为播放技术手段制作的电影作品（适用第十五条第一款规定的电影作品除外）的著作权中的下列权利，属于作为电影制作者的该播放组织。❷

（一）播放该作品的权利，以及对已经播放的作品进行有线播放、自动公众传播（包括将信息上载到已经连接在供公众使用的通信电路上的自动公众传播服务器中的传播可能化）的权利，或者使用接收装置向公众传达已经被播放的作品的权利。

（二）复制该作品以及向其他播放组织发行该复制品的权利。

有线播放组织专门作为播放技术手段制作的电影作品（适用第十五条第一款规定的电影作品除外）的著作权中的下列权利，

---

❶ 日本著作权法该款规定的是，只要第十六条规定的导演、演员、摄影者、美工等对电影作品的整体制作做出了独创性的作者同意参加电影制作，则不管其是否同意，该电影作品的著作财产权都属于电影制作者，即投资制作电影的人。说简单一点，该条实质就是规定电影作品著作权属于电影制作者。

❷ 日本著作权法第二十九条第二款和第三款对播放组织、有线播放组织制作的电视连续剧、报道节目等著作权的原始归属作出了与一般电影作品著作权原始归属不同的规定。按照日本著作权法第二十九条第一款的规定，一般电影作品的所有著作权都原始归电影制作者，而播放组织和有线播放组织专门作为播放技术手段制作的电影作品，只有该条第二款、第三款规定的权利才属于播放组织和有线播放组织。日本著作权法之所以如此规定，主要理由在于日本著作权法立法者认为播放组织、有线播放组织为了播放而制作的电视连续剧等电影作品不同于一般电影作品，通常不存在转用的利用形态。该种规定已经受到了许多日本学者的批判。

属于作为电影制作者的该有线播放组织。

（一）有线播放该作品的权利，以及使用接收装置向公众传播已经被有线播放的作品的权利。

（二）复制该作品以及向其他有线播放组织发行该复制品的权利。

第五小节　著作权的限制

第三十条　（为了私人目的的复制）

为了在个人、家庭或者其他类似的有限范围内使用（以下称为私人目的），除下列情形外，使用者可以复制作为著作权客体的作品（本小节以下简称为作品）。

（一）使用供公众使用而设置的自动复制机器（指具有复制功能，并且其装置的全部或者主要部分已经自动化了的机器）进行复制。

（二）可能避开（指删除或者改变作为技术保护手段的信号（由于技术限制原因随着储存或者传播方式的改变而发生的删除或者改变除外）、其结果使该技术保护措施预防的行为可能发生，或者使该技术措施不能再发挥阻止控制的行为发生的作用。第一百二十条之二第一项和第二项的规定相同）技术保护措施，并且明知避开的结果会使该技术保护措施无法发挥阻止控制的行为发生的复制。

（三）明知属于侵害著作权的自动公众传播（包括虽在国外进行的自动公众传播，但如果该行为发生在国内的话会侵害著作权的自动公众传播）而接收并进行数字化方式录音或者录像的复制。[1]

---

[1] 这种私人目的使用的例外是日本2009年修改著作权法新增加的，目的在于从根本上打击提供侵害他人著作权的音乐、电影、漫画等下载的网站。按照该项规定，虽然是为了私人目的，但如果明知某个网站提供的彩铃音乐、动漫等下载属于侵害他人著作权（自动公众传播权）的，仍通过数字化方式下载的，其行为构成侵权。

为了私人目的，使用政令规定的具有数字化录音、录像功能的机器（具有播放业务上的特别性能、通常不是供私人使用的机器，以及附带录音功能的电话机和其他附带具有录音、录像功能的机器除外），并在供该机器进行数字化录音、录像使用的、政令规定的储存媒介中进行录音或者录像的人，必须向著作权人支付合理的补偿金。❶

第三十一条　（图书馆等的复制）

国会图书馆以及以供公众使用图书、档案或者其他资料为目的设立的图书馆和依照政令设立的其他设施（本条以下称为图书馆等），在下列情况下，可以不以营利为目的，使用图书馆等的图书、档案或者其他资料（称为图书馆资料）复制作品。

（一）应图书馆等的使用者请求，为了供其调查研究使用，可以为其提供已经发表的作品的一部分（在发行后经过相当时间的期刊上刊登的个人作品，则为全部）的复制品，但限于一人一份。

（二）为了保存图书馆资料的需要。

（三）应其他图书馆等的请求，为其提供因为绝版或者其他类似理由而难以获得的图书资料的复制品。

除前款规定的情形外，为避免因供公众使用图书资料的原本致其灭失、损伤或者污损，在制作代替该原本、供公众使用的电磁记录（指采用电子方式、磁气方式以及其他人的知觉无法认知的方式制作的、可供电子计算机进行信息处理的记录）时，在必要的限度内，国会图书馆可以将图书馆资料涉及的作品储存到储存媒介上。

第三十二条　（引用）

已经发表的作品可以通过引用加以使用。但引用必须符合公正的惯例，而且必须是在报道、批评、研究目的的正当范围内。

---

❶ 这种补偿金即日本著作权法第五章规定的私人录音录像补偿金。

国家或者地方公共团体机关、独立行政法人或者地方独立行政法人为了让公众知晓而制作并以其名义发表的公共关系资料、统计资料、报告和其他类似的作品，作为说明资料可以在报纸、杂志或者其他出版信息资料上转载。但是，明确声明禁止转载的，不在此限。

第三十三条　（教科书等上面的登载）

已经发表的作品，在学校教育目的的必要限度内，可以在教科书（指供经过文部科学大臣审定或者文部科学省拥有著作名义的小学、中学、高中或者中等教育学校以及其他类似学校中教育使用的儿童用书或者学生用书。以下同）上登载。

按照前款规定在教科书上登载作品时，应当通知作者，同时应当考虑本规定的目的、作品的种类及其用途、通常的使用费标准以及其他因素后，向著作权人支付文化厅长官每年规定的补偿金。

文化厅长官作出前款规定的补偿金标准规定时，应当在官报上公布。

前三款的规定，准用于在和高等学校（包括中等教育学校后期课程）的函授教育学习用书以及教科书有关的教师指导用书（限于该教科书的发行者所发行的教师指导用书）上复制已经发表的作品。

第三十三条之二　（为了制作放大教科书等进行的复制）

已经在教科书上登载的作品，为了供由于视觉障碍、发育障碍以及其他障碍使用在教科书上登载的作品存在困难的儿童或者学生学习之用，可以放大复制使用在该教科书中的作品的文字、图形。

希望制作前款规定的教科书和其他复制品（除了采取盲文形式复制外，只限于复制登载在该教科书中的作品的全部或者一部分。本款下面称为教科用放大图书）的人，在事先通知该教科书的发行者的同时，如果以营利为目的发行该教科用放大图书，还必须按照前条第二款规定的补偿金标准向该作品的著作权人支付文化厅长官每年规定的补偿金。

文化厅长官作出前款规定的补偿金时，应当在官报上公布。

按照关于促进障碍儿童和学生教学用的特定图书等普及的法律第五条第一款或者第二款的规定，提供登载在教科书中的作品的电磁记录的人，在该提供的必要限度内，可以使用该作品。

第三十四条　（学校教育节目的播放）

已经发表的作品，在学校教育目的的必要限度内，可以在面向符合有关学校教育法令规定的教育课程标准的学校的播放节目或者有线播放节目中，播放或者有线播放该作品，或者专门以让该播放对象所在地域范围内（指播放法第二条之二第二款第二项规定的播放服务对象地域，该法中没有规定的播放，则指电波法第十四条第三款第三项规定的播放地域。以下同）同时接收该播放为目的，对该作品进行自动公众播放（包括在连接至供公众使用的电信线路上的自动公众传播服务器中上载信息的传播可能化），以及在该播放节目用或者有线播放节目用的教材中登载该作品。

照前款规定使用作品的人，应当通知作者，并向著作权人支付合理数量的补偿金。

第三十五条　（在学校和其他教育机关中进行的复制等）

在学校和其他教育机关（以营利为目的设立的学校和其他教育机关除外）中担任教学的人以及听课的人，为了在教学过程当中使用，在必要的限度内，可以复制已经发表的作品。但是，按照该作品的种类、用途以及复制的数量、复制的方式，著作权人的利益会受到不当损害的，不在此限。

已经发表的作品，在前款规定的教育机关的教学过程中，在向直接听课的人提供或者提示该作品原件或者复制品加以使用的情况下，或者按照第三十八条第一款的规定通过上演、演奏、上映或者口述方式加以使用的情况下，可以向在该课堂以外的场所同时听课的人进行公众传播（在自动公众传播的情况下，包括传播可能化）。但是，按照该作品的种类、用途以及公众传播的方式，著作权人的利益会受到不当损害的，则不在此限。

第三十六条　（作为考试问题的复制）

已经发表的作品，在为了入学考试或者其他技能考试或者检测目的的必要限度内，可以作为考试或者检测的问题进行复制或者公众传播（播放或者有线播放除外，但在自动公众传播的情况下，包括传播可能化。下一款规定相同）。但是，按照该作品的种类、用途以及公众传播的方式，著作权人的利益会受到不当损害的，不在此限。

以营利为目的进行前款规定的复制或者公众传播的人，应当向著作权人支付相当于普通许可使用费的补偿金。

第三十七条　（为了视觉障碍者等进行的复制）❶

已经发表的作品，可以通过盲文的形式进行复制。

已经发表的作品，可以通过使用电子计算机处理盲文的方式将其储存在储存媒介上，或者向公众传播（播放或者有线播放除外，但在自动公众传播的情况下，包括传播可能化）。

按照政令规定从事有关视觉障碍者或者其他通过视觉认识表

---

❶　日本著作权法经过2009年修改之后，为视觉存在障碍的人可以进行的合理使用的范围扩大了。就形式看，主要表现在该条第三款的规定上。就内容看，主要表现为以下几个方面。一是障碍者种类范围扩大了，由原来单纯双目失明的人扩大到了通过视觉认识事物存在障碍的人，比如因为发育原因导致视力存在先天性缺陷的人，色盲的人。二是允许复制的主体由原来的政令规定的从事盲文图书馆等视觉障碍者福利事业的设施扩大到了依照政令规定从事和视觉障碍者福利有关的事业者，这样公共图书馆等也有可能被指定因而进行该款规定的合理使用。三是允许的行为由原来的制作录音图书、出租录音制品、自动公众传播扩大到了以对视觉障碍者来说必要的方式复制、复制品的出租、转让、自动公众传播。这样，制作对视觉障碍者来说必要的放大图书、数字化图书等都成为可能。

现存在障碍者（本款以下以及第一百零二条第四款称为视觉障碍者等）福利事业的人，对于已经公开发表的通过视觉可以认识其表现的方式（包括视觉和其他知觉可以认识的方式）向公众提供或者提示的作品（包括该作品中被复制的作品，以及和该作品一起向公众提供或者提示的作品。本款以下以及同条第四款中称为视觉著作品），在专门为了供通过此种方式使用视觉作品存在困难的视觉障碍者使用的必要限度内，可以通过将有关视觉作品的文字转换成声音的方式或者其他视觉障碍者可以使用的必要方式，进行复制或者自动公众传播（包括传播可能化）。但是，在该视觉作品经过著作权人或者经过其许可的人或者获得了第七十九条规定的出版权的人采取视觉障碍者能够使用的方式向公众提供或者提示的情况下，不在此限。

第三十七条之二　（为了听觉障碍者等进行的复制）❶

按照政令规定从事有关听觉障碍者和其他通过听觉认识表现存在障碍者（本条以下以及下一条第五款中称为听觉障碍者）福利事业并且分别符合下列各项使用的人，对于已经公开发表的通过听觉可以认识其表现的方式（包括听觉以及其他知觉可以认识

---

❶ 日本著作权法经过2009年修改之后，为了听觉存在障碍的人的合理使用的范围也扩大了。就形式上看，主要表现在第三十七条之二。就内容上看，主要表现在以下几个方面。一是可以复制等的作品范围由原来的播放、有线播放的作品扩大到了通过听觉可以认识表现的作品。据此，电影作品也可以按照该规定进行合理使用。二是听觉障碍者的种类范围由原来单纯的两耳失聪的人扩大到了通过听觉认识事物存在障碍的人，从而将因为发育原因导致听觉存在先天性缺陷的人、重听、听力衰减导致收听困难的人都包括在内。三是可以复制的主体由原来的根据政令规定从事障碍者福利事业的人扩大到了政令规定的从事有关障碍者福利事业的人，据此公共图书馆等也可能被指定因而进行本条规定的合理使用。四是允许的行为由原来的同步字幕自动公众传播扩大到了采取对于听觉障碍者来说必要的方式进行的复制、自动公众传播，以及复制、发行附加影像的字幕等。据此，异时的字幕传播、制作手语等、发行带有字幕的电影都成为了可能。

的方式）向公众提供或者提示的作品（包括该作品中被复制的作品，以及和该作品一起向公众提供或者提示的作品。本条以下称为听觉作品），在专门为了供通过此种方式使用听觉作品存在困难的听觉障碍者使用的必要限度内，可以从事下列任何一种行为。但是，听觉作品经过著作权人或者经过其许可的人或者获得了第七十九条规定的出版权的人采取听觉障碍者能够使用的必要方式向公众提供或者提示听觉作品的，不在此限。

（一）采取将有关听觉作品的声音转换成文字或者其他听觉障碍者可以使用的必要方式，进行复制或者自动公众传播（包括传播可能化）。

（二）为了专门用来向听觉障碍者出租之用而进行复制（但限于采取将有关听觉作品的声音转换成文字的方式或者其他听觉障碍者可以使用的必要方式和声音复制一起进行的复制）。

第三十八条　（不以营利为目的的上演等）

已经发表的作品，不以营利为目的，而且不向听众或者观众收取任何费用（指提供或者提示作品时，以任何名义收取的对价。本条以下同）时，可以公开进行上演、演奏、上映或者口述。但是，该上演、演奏、上映、口述向表演者或者口述者支付报酬时，不在此限。

已经播放的作品，不以营利为目的，而且不向听众或者观众收取任何费用时，可以进行有线播放或者专门以该播放服务地域内接收为目的进行自动公众传播（包括在已经和供公众使用的电信线路连接的自动公众传播服务器中上载信息的传播可能化）。

已经播放或者有线播放的作品（播放的作品包括自动公众传播中的作品），不以营利为目的，而且不向听众或者观众收取任何费用时，可以使用接收装置公开传达。使用家庭用的一般接收装置的情况下，同样适用。

已经发表的作品（电影作品除外），不以营利为目的，而且不向该作品复制品（电影作品中被复制的作品的复制品除外）的借贷者收取任何费用时，可以通过借贷的方式向公众提供。

政令规定的为了供公众使用电影胶卷和其他视听资料目的而设置的视听觉教育设施和其他设施（为营利目的设置的除外），以及按照前条政令规定的从事有关听觉障碍者福利事业的人（限于同条第二项的规定，以营利为目的从事该事业的人除外），对于已经发表的电影作品，在不向电影作品复制品的借贷者收取任何费用时，可以通过借贷复制品的方式进行发行。在这种情况下，从事该发行的人，应当向就该电影作品或者电影作品中被复制的作品享有第二十六条规定权利的权利人（包括按照第二十八条的规定享有和第二十六条规定权利相同权利的人）支付合理的补偿金。

第三十九条　（关于时事评论的转载等）

报纸、杂志刊登、发行的有关政治、经济或者社会时事问题的评论（具有学术性质的评论除外），可以在其他报纸、杂志上进行转载，或者进行播放、有线播放，或者专门以播放服务地域内接收为目的进行自动公众传播（包括在已经和供公众使用的电信线路连接的自动公众传播服务器中上载信息的传播可能化）。但是，有明确禁止使用的除外。

按照前款规定播放、有线播放或者自动公众传播的评论，可以使用接收装置进行公开传达。

第四十条　（政治演说等的使用）

公开进行的政治性演说或者陈述或者在裁判程序（包括行政厅的准司法程序和其他准用裁判的程序。第四十二条第一款中的规定相同）中所做的公开陈述，除将同一作者的演说或者陈述进行编辑使用外，可以采用任何方法进行使用。

国家或者地方公共团体机关、独立行政法人或者地方独立行政法人所作的公开演说或者陈述，除前款规定外，在报道的正当目的范围内，可以在新闻、杂志上进行转载，或者进行播放、有线播放，或者专门以播放服务地域内接收为目的进行自动公众传播（包括在已经和供公众使用的电信线路连接的自动公众传播服务器中上载信息的传播可能化）。

按照前款规定播放、有线播放或者自动公众传播的演说或者陈述，可以使用接收装置进行公开传达。

第四十一条 （为了报道时事事件的使用）

通过摄影、电影、播放或者其他方法报道时事事件时，构成该事件的作品，或者在该事件中看到或者听到的作品，在报道目的的正当范围内，可以进行复制并在报道该事件时进行使用。

第四十二条 （裁判程序中的复制）

为了裁判程序以及立法或者行政目的，有必要将作品作为内部资料时，在必要的限度内可以对该作品进行复制。但是，按照该作品的种类、用途以及复制的数量、方式，著作权人的利益会受到不当损害的，不在此限。

出于下列程序目的，在必要的情况下，适用前款的规定：

（一）行政厅所作的专利、外观设计或者商标审查、实用新型的技术评价，或者关于国际申请等（指关于按照专利合作条约提出的国际申请的法律第二条规定的国际申请）的国际调查或者国际预备审查的程序。

（二）行政厅或者独立行政法人所作的关于药事（包括关于医疗器械（指药事法第二条第四款规定的医疗器械）的事项。本项以下规定相同）的审查或者调查程序，或者针对行政厅或者独立行政法人关于药事报告的程序。

第四十二条之二 （按照行政机关信息公开法等为了公开所进行的使用）

行政机关长官、独立行政法人等、地方公共团体机关或者地方独立行政法人，按照行政机关信息公开法、独立行政法人等信息公开法或者信息公开条例的规定，出于向公共提供或者提示作品的目的，可以分别按照行政机关信息公开法第十四条第一款（包括根据同款规定制定的政令）规定的方法、独立行政法人等信息公开法第十五条第一款规定的方法（包括按照同款规定的该独立行政法人等规定的方法，但按照行政机关信息公开法第十四条第一款规定制定的政令规定的方法以外的方法除外）或者按照信息公开条例规定的方法（行政机关信息公开法第十四条第一款以及基于该款规定制定的政令规定的方法以外的方法除外），在为了公开所必要的限度内，可以使用该作品。

第四十二条之三 （按照国会图书馆法为了收集互联网资料进行的复制）

国会图书馆馆长，为了收集国会图书馆法第二十五条之三第一款规定的互联网资料（本条以下称为互联网资料），在必要的限度内，可以将该资料中的作品储存在国会图书馆使用的储存媒介上。

国会图书馆法第二十四条以及第二十四条之二规定的人，为了按照提供该法第二十五条之三第三款规定的请求提供互联网资料，在必要的限度内，可以复制该互联网资料中的作品。

第四十三条 （通过翻译、改编等的使用）

按照下列各项规定可以使用作品时，可以以该项所列方法、在符合该项规定的情况下使用该作品。

（一）第三十条第一款、第三十三条第一款（包括准用同条第四款的情况）、第三十四条第一款或者第三十五条：翻译、编曲、改变形式或者改编。

（二）第三十一条第一款第一项、第三十二条、第三十六条、第三十七条第一款和第二款、第三十九条第一款、第四十条第二款、第四十一条、第四十二条：翻译。

（三）第三十三条之二第一款：改变形式或者改编。

（四）第三十七条第三款：翻译、改变形式或者改变。

（五）第三十七之二：翻译或者改编。

第四十四条 （播放组织等的临时复制）

播放组织为了自己的播放，对不损害第二十三条第一款规定的权利可以播放的作品，可以通过自己的设备或者同样可以播放该作品的其他播放组织的设备，进行临时录音或者录像。

有线播放组织为了自己的有线播放（接受播放后再进行的有线播放除外），对不损害第二十三条第一款规定的权利可以有线播放的作品，可以通过自己的设备进行暂时的录音或者录像。

按照前两款制作的录音或者录像，超过录音、录像后 6 个月后（在此期间使用该录音、录像进行播放或者有线播放时，自该播放或者有线播放后 6 个月）不得保存。但是，按照政令的规定在公共档案馆保存时，不在此限。

第四十五条　（美术作品等原件所有权人的展览）

美术作品或者摄影作品原件的所有权人或者经过其许可的人，可以公开展览该美术作品或者摄影作品的原件。

在美术作品原件永久设置于街道、公园或者其他向一般公众开放的室外场所或者建筑物的外壁等一般公众容易看见的室外场所的情况下，前款规定不适用。

第四十六条　（公开的美术作品等的利用）

按照前条第二款规定永久设置于室外场所的美术作品原件或者建筑物，除下列规定的情形外，可以采用任何方法使用。

（一）增制雕刻，并将增制的雕刻通过转让方式向公众提供。

（二）通过建筑手段复制建筑作品，并将复制的建筑物通过转让方式向公众提供。

（三）为了前条第二款规定的永久设置于室外场所目的而进行的复制。

（四）专门为了销售美术作品复制品而复制，并销售该复制品。

第四十七条　（参展美术作品等的复制）

公开展览美术作品或者摄影作品原件的人，在不损害第二十五条规定的权利的情况下，在为了向参观者解说、介绍这些作品而制作的小册子上，可以登载该美术作品或者摄影作品。

第四十七条之二　（伴随美术作品等的许诺销售进行的复制）❶

美术作品或者摄影作品原件或者复制品的所有权人以及其他对其转让或者出租享有权利的人，在不损害第二十六条之二第一款或者第二十六条第三款规定的权利的情况下，为了转让或者出租美术作品或者摄影作品原件或者复制品，享有权利的人或者受其委托的人，为了许诺销售目的，可以对这些作品进行复制或者公众传播（在自动公众传播的情况下，包括传播可能化）（但限于采取了政令规定的措施预防或者制止公众使用该复制品进行这些作品复制的情形，或者接收该公众传播后对这些作品进行复制的情形，以及采取了其他防止不当损害著作权人利益的措施的情形）。

第四十七条之三　（计算机程序复制品所有权人的复制等）

计算机程序复制品的所有权人，为了自己在电子计算机上使

---

❶　本条是日本 2009 年修改著作权法时新增加的内容，目的是为了应对目前在日本流行的美术作品、摄影作品在网络上的拍卖引发的著作权问题。在此之前，日本实务界和学界一直在争论，为了拍卖的需要，而将美术作品或者摄影作品的图像挂在网络上，以便介绍商品信息的行为是否侵害其著作权人的复制权和自动公众传播权，但结论众说纷纭、莫衷一是。为了统一意见，更为了促进美术作品、摄影作品作为商品时的自由流通，日本著作权法干脆直接对此作出了规定。按照这个规定，为了拍卖、出租等的需要，作为介绍商品的一种手段，美术作品、摄影作品的所有权人或者其受托人或者其他有权进行处分的人，可以对该美术作品或者摄影作品进行复制和自动公众传播，具体包括在互联网上挂出作品图像、在电视上播放作品画像、在报纸或者杂志等其他媒介上登载作品复制品。但是这些作品的所有权人或者其他有权进行处分的人在为了许诺销售而复制时，必须受到两个条件限制。一是必须采取手段防止公众复制这些作品，比如采取技术措施防止公众复制。二是必须采取措施以防止给著作权人造成损害，这个方面的措施主要是指复制或者自动公众传播的作品复制品必须符合政令规定的大小、精密度。

用该作品，可以在必要的限度内复制或者改编该作品（包括依照复制或者改编的作品创作的二次作品的复制）。但是，有关复制品的使用适用第一百一十三条第二款规定的情况下，不在此限。

除因为灭失而丧失所有权的情形以外，前款复制品的所有权人不得保存该作品的其他复制品（包括按照同款规定制作的复制品），但著作权人有特别声明的除外。

第四十七条之四　（由于维护、修理而进行的暂时复制）

在维护或者修理带有内置储存媒介的复制机器（指具有复制功能、在其内置的储存媒介上（本条以下称为内置储存媒介）储存该复制的机器）时，在必要的限度内，可以暂时将该内置储存媒介上储存的作品储存到该内置储存媒介以外的其他储存媒介上，在维护或者修理该复制机器后，再储存到该内置储存媒介上。

在更换由于生产缺陷或者在销售之前发生了故障的内置储存媒介复制机器的情况下，在必要的限度内，可以暂时将该内置储存媒介中储存的作品储存到其他储存媒介上，在更换后，再将该作品储存到更换后的内置储存媒介复制机器上。

按照前两款规定将作品储存到内置储存媒介以外的其他储存媒介上的人，在维护、修理或者更换后，不得保存储存在该内置储存媒介上的作品复制品。

第四十七条之五　（为了防止传播故障等进行的复制）❶

从事他人用来进行自动公众传播等（指自动公众传播和特定传播。本条以下相同）的自动公众传播服务器等（指自动公众传

---

❶ 该条是日本2009年修改著作权法时新增加的一种限制著作权的例外规定，其目的是为了保证互联网上信息传播的效率化。按照该条规定，提供缓存、镜像、备份等服务的通信事业者在作品在其服务器中进行传播的过程中，在该条规定的两种特定情况下，可以对该作品进行缓存、镜像、备份，而无需经过著作权人同意，也无需向其支付报酬。

播服务器和其他特定的传播服务器（指连接在电信线路上、具有将储存在用来进行特定传播（指政令规定的自动公众传播以外的无线通信传播或者有线电信通信传播。本款以下相同）的储存媒介上（指第一项中的特定传播用储存媒介）的信息或者加载到该服务器中的信息进行特定传播功能的服务器。本条以下规定相同））业务的人，为了下列各项所列目的，在必要限度内，可以将利用该自动公众传播服务器等已经处于传播可能化等状态（指政令规定的传播可能化行为和能够进行特定传播的行为。本条以下同）的作品储存到下列各项规定的储存媒介上。

（一）应自动公众传播等的请求，为了防止由于该自动公众传播服务器集中传播导致的传播迟缓或者由于该自动公众传播装置等发生故障而导致传播故障：公众传播可能化等所使用的公众传播用储存媒介等以外的、供该传播可能化使用的自动公众传播等使用的储存媒介。

（二）为了恢复灭失或者毁损的、储存在传播可能化所使用的公众传播用储存媒介上面的作品复制品：该公众传播用储存媒介以外的储存媒介（公众传播用储存媒介外）。

从事他人用来进行自动公众传播等自动公众传播服务器等业务的人，在对处于传播可能化状态的作品（该自动公众传播服务器进行的传播可能化除外）的自动公众传播等进行转播的情况下，为了使该转播后的再次转播能够有效率，在必要的限度内，可以将该作品储存在该自动公众传播装置存储器中专门用于存储该转播的部分。

下列各项规定的人，符合下列各项规定时，不得保存适用各项规定制成的作品复制品。

（一）按照第一款（限于第一项的规定）或者前一款的规定在储存媒介上储存了作品的人：出于这些规定的目的没有必要再存在复制品时，或者已经知道作品的传播可能化侵害著作权时（包括虽在国外进行但如果在国内进行时会构成著作权侵害的传播可能化）。

（二）按照第一款的规定（限于第二项的规定）在储存媒介上储存了作品的人：出于同项规定的目的认为没有必要再保存该复制品时。

第四十七条之六　（为了进行传播可能化信息的传播单位识别符号的检索等进行的复制）❶

应公众的请求从事检索有关传播可能化信息的传播单位识别符号（指识别自动公众传播的传播单位的文字、号码、记号或者其他符号。本条以下相同）并提供该检索结果业务的人（包括部分从事该业务的人，但限于按照政令规定的标准进行传播可能化信息的收集、整理以及提供的人），为了检索和提供检索结果，在必要限度内，可以将传播可能化的作品（在要求输入识别接收该作品自动公众传播的人的信息以及采取了其他限制接收的手段的情况下，限于经过了就该自动公众传播的接收采取了措施的人的许可的作品）存入储存媒介或者进行改编（包括按照该作品创作的二次作品的储存），以及应公众的请求、在提供请求的传播可能化信息所属的传播单位识别符号的同时，使用与储存在该储存媒介上的该作品复制品（包括该作品的二次作品的复制品。本条以下称为检索结果提供使用记录）的传播单位识别符号进行自动公众传播（包括传播可能化）。但是已经知道该检索结果提供使用记录的作品的传播可能化侵害著作权后（包括虽国外进行、但如在国内进行的话会侵害著作权的传播可能化），不得使用该

---

❶　该条规定是日本2009年修改著作权法时新增加的限制著作权的例外规定，目的在于保证提供信息检索服务的人能够顺利收集、整理、提供已经在互联网上公开的信息。虽然该条立法特别啰嗦、复杂，但其中心的意思是：信息检索服务提供者为了提供信息检索服务，可以在必要的限度内，复制并提供已经在互联网上公开的信息，但必须具备两个条件：一是在互联网上采取了措施明确禁止信息检索服务提供者收集的信息不得进行收集；二是信息检索服务提供者明知提供的信息侵犯著作权的，不得再提供。

检索结果提供使用记录进行自动公众传播（包括传播可能化）。

第四十七条之七 （为了分析信息进行的复制等）

为了利用计算机分析信息（指从多数作品或者其他大量信息中筛选出构成该信息的语言、声音、影像或者其他要素，并且进行比较、分类或者其他统计分析。本条以下规定同），在必要的限度内，可以将作品录入储存媒介或者进行改编（包括按照该作品创作出的二次作品的储存）。但是，为了供信息分析者使用制作的数据库作品，不在此限。

第四十七条之八 （伴随电子计算机中的作品使用进行的复制）

在电子计算机中，以使用作品的复制品的方式利用该作品的情况下，或者以接收无线通信或有线电信传播的作品的方式利用该作品的情况下（限于该作品或者其复制品的使用不侵害著作权的情况下），在使用作品而进行计算机信息处理的过程中，为了更加顺利并且有效率地进行信息处理，在必要的限度内，可以将该作品存入该电子计算机的储存媒介内。[1]

---

[1] 该条规定也是日本2009年修改著作权法时新增加的。按照该条的规定，在网络上打印、浏览或者收看时，不但瞬间复制、缓存复制是合法的，而且为了更加顺利和有效地利用计算机进行信息处理，将需要打印、浏览或者收看的合法作品长久地存入计算机内存也是合法的。比如通过某个网页打印、浏览或者收看作品时，将包含作品的网页地址收藏起来，下次再打印、浏览或者收看时就没有必要再进行一系列的搜索，只要直接点击收藏的网页地址，包含作品的界面就立即跳出来，然后就可以开始直接打印、浏览和收看了。这样就节省了大量搜寻的时间。但是，这种限制本身又存在两个方面的限制：一是被打印、浏览或者收看的作品不侵害著作权；二是按照日本著作权法第四十九条第一款第（七）项和第一百零二条第九款第（七）项的规定，不能将收藏的网页中包含的作品用于除为了快速获得上述打印、浏览或者收看的作品以外的其他目的。也就是说，如果要将按照第四十七条之八保存在计算机内存中的合法作品复制品中包含的作品用于其他目的，还是必须通过搜索等一系列程序获得计算机最先能够接触到的该作品复制品。日本著作权法这样规定的原因，大概在于为了避免将按照第四十七条之八保存在计算机内存当中的作品复制品进行上述目的以外的直接利用因而导致该作品在网络上其他地方被利用时的点击率减少，进而导致著作权人收入减少的结果。

第四十七条之九 （按照复制权的限制制作的复制品的转让）

按照第三十一条第一款（限于第一项。本条以下同）、第三十二条、第三十三条第一款（包括同条第四款中准用的情形）、第三十三条之二第一款和第四款、第三十四条第一款、第三十五条第一款、第三十六条第一款、第三十七条、第三十七条之二、（第二项除外。本条以下同）、第三十九条第一款、第四十条第一款和第二款、第四十一条至第四十二条之二以及第四十六条至第四十七条之二的规定能够复制的作品，按照这些规定制作的复制品（在第三十一条第一款、第三十五条第一款、第三十六第一款以及第四十二条规定的情况下，电影作品的复制品和电影作品中被复制的作品的复制品除外。本条以下同），可以通过转让向公众提供。但是，适用第三十一条第一款、第三十三条之二第一款和第四款、第三十五条第一款、第三十七条第三款、第三十七条之二、第四十一条至第四十二条之二以及第四十七条之二的规定制作的作品复制品（在第三十一条第一款、第三十五条第一款和第四十二条规定的情况下，电影作品的复制品除外），为了第三十一条第一款、第三十三条之二第一款和第四款、第三十五条第一款、第三十七条第三款、第三十七条之二、第四十一条至第四十二条之二以及第四十七条之二规定目的以外的目的转让给公众的，不在此限。

第四十八条 （注明出处）

在下列情况下，必须按照符合其复制或者利用方式的合理方法和程度，注明各项规定的作品出处。

（一）按照第三十二条、第三十三条第一款（包括同条第四款中准用的情形）、第三十三条之二第一款、第三十七条第一款、第四十二条或者第四十七条的规定复制作品的。

（二）按照第三十四条第一款、第三十七条第三款、第三十七之二、第三十九条第一款、第四十条第一款和第二款以及第四十七条之二的规定使用作品的。

（三）按照第三十二条的规定采用复制以外的方法使用作品的情况下，或者按照第三十五条、第三十六条第一款、第三十八条第一款、第四十一条或者第四十六条的规定使用作品的情况下，存在注明作品出处的惯例的。

按照前款的规定注明作品出处时，除作者名非常清楚以及该作品为匿名作品外，必须注明该作品表示的作者名。

按照第四十三条的规定，通过翻译、编曲、改变形式或者改编的方式使用作品的，必须按照前两款规定的例示，注明作品的出处。

第四十九条 （为了其他目的使用复制品等）

下列各项所列之人，视为进行了第二十一条复制的人。

（一）为了第三十条第一款、第三十一条第一款第一项、第三十三条之二第一款或者第四款、第三十五条第一款、第三十七条第三款、第三十七条之二正文（同条第二项的情况下，指同项。在下一款第一项的情况下，相同）、第四十一条至第四十二条之二、第四十二条之三第二款、第四十四条第一款或者第二款、第四十七条之二或者第四十七条之六规定目的以外的目的，发行适用这些规定制作的作品复制品的人（下一款第四项规定的复制品除外），或者通过该复制品将这些作品提示给公众的人。

（二）违反第四十四条第三款的规定保存了同款规定的录音或者录像的播放组织或者有限播放组织。

（三）发行适用第四十七条之三第一款规定制作的作品复制品（下一款第二项规定的复制品除外）的人，或者发行适用第四十七条之四第一款或者第二款规定暂时在内置储存媒介以外的其他储存媒介上储存的作品复制品的人，或者通过这些复制品将作品提示给公众的人。

（四）违反第四十七条之三第二款、第四十七条之四第三款或者第四十七条之五第三款规定，保存这些规定中的复制品（下一款第二项的复制品除外）的人。

（五）为了第四十七条之五第一款或者第二款或者第四十七条之七规定目的以外的目的，使用适用这些规定制作的作品复制品（下一款第六项规定的复制品除外）利用该作品的人。

（六）违反第四十七条之六但书的规定，使用适用本条规定制作的作品复制品（下一款第五项规定的复制品除外）对该作品进行自动公众传播（包括传播可能化）的人。

（七）将适用第四十七条之八规定制作的作品复制品代替同条规定的作品复制品进行使用时、使用该作品的人，或者不接收同条规定的作品传播（应接收者的请求自动进行传播时，指接收该传播的行为或者政令规定的与此类似的行为）而使用适用第四十七条之八规定制作的作品复制品时、使用该作品的人。

下列各项所列的人，视为对该二次作品的原作品进行了第二十七条规定的翻译、编曲、改变形式或者改编的人。

（一）为了第三十条第一款、第三十一条第一款第一项、第三十三条之二第一款、第三十五条第一款、第三十七条第三款、第三十七条之二正文、第四十一条或者第四十二条规定目的以外的目的，发行适用四十三条各项所列规定制作的二次作品的复制品的人，或者通过这些复制品将这些二次作品提示给公众的人。

（二）发行适用第四十七条之三第一款规定制作的二次作品复制品的人，或者通过这些复制品将这些二次作品提示给公众的人。

（三）违反第四十七条之三第二款的规定保存前项规定的复制品的人。

（四）为了第四十七条之六规定目的以外的目的，发行适用该条制作的二次作品的复制品的人，或者通过这些复制品将这些二次作品提示给公众的人。

（五）违反第四十七条之六但书的规定，使用适用该条正文规定制作的二次作品的复制品对该二次作品复制品进行自动公众传播（包括传播可能化）的人。

（六）为了第四十七之七规定目的以外的目的，使用适用该条规定制作的二次作品的复制品利用该二次作品的人。

第五十条 （与著作人格权的关系）

本小节的规定，不得进行影响作者人格权的解释。

第四节 保护期限

第五十一条 （保护期限的一般规定）

著作权的保护期限，自作品创作时开始计算。

除本节有特别规定外，著作权存续到作者死亡后（如果是合作作品，则指最后一个作者死亡后。第五十二条第一款中的规定相同）50年。

第五十二条 （匿名或者假名作品的保护期限）

匿名或者假名作品的著作权，存续到该作品发表后50年。但是，存续期间届满之前，确认已过作者死亡后50年的，则该匿名或者假名作品的著作权自作者死亡后50年期满时消灭。

有下列情形之一的，前款规定不适用。

（一）众所周知假名作品上作者的假名就是该作者的。

（二）在前款规定的期限内，进行了第七十五条第一款规定的真名登记的。

（三）在前款规定的期限内，作者将其真名或者众所周知的假名作为作者名发表其作品的。

第五十三条 （以团体名义发表的作品的保护期限）

以法人或者其他团体名义发表的作品的著作权，存续到该作品发表后（该作品创作后50年内未发表的，自创作后50年）50年。

以法人或者其他团体名义发表的作品的作者个人在同款规定的保护期限内、以真名或者众所周知的假名作为作者名发表了该

作品的，前款规定不适用。❶

关于第十五条第二款规定的法人或者其他团体作为作者的作品著作权保护期限，即使是该条第一款规定的作品以外的作品，仍然视为以该团体名义发表的作品，适用同款的规定。❷

第五十四条 （电影作品的保护期限）

电影作品的著作权，存续到该作品发表后（该作品创作后70年之内未发表的，自创作后70年）70年。

电影作品著作权保护期限届满而消灭时，该电影作品中利用的原作品的著作权也一同消灭。

第五十二条、第五十三条的规定，不适用于电影作品。

第五十五条 （删除）

第五十六 （连续出版物等的发表时间）

第五十二条第一款、第五十三第一款以及第五十四条第一款的发表时间，如果是分册、分期、分回发表的作品，则以每册、每期、每回发表的时间为准。如果是分部分逐次发表完成的作品，则以最终部分发表的时间为准。

分部分逐次发表完成的作品，最近发表的部分经过三年，应该继续的部分仍然没有发表的，则已经发表的最终部分视为前款

---

❶ 该款的意思是说，虽然原来以团体名义发表，但后来改成了以个人名义发表的作品，只要该事实发生在该作品发表后50年内，则该作品的保护由原来的50年延长到作者死后50年。

❷ 该款规定有些令人费解，因此必须结合日本著作权法第十五条的规定来理解，具体包括三层意思。一是以团体名义发表的计算机软件职务作品，其保护期为发表后或者创作后50年。二是虽然不是以团体名义发表，但使用者是团体的计算机软件，按照第十五条第二款的规定，仍然视为以团体名义发表的职务作品，其保护期为发表后或者创作后50年。三是虽然计算机软件属于职务创作，但如果因合同约定或者单位规章规定个人是使用者，并且以个人名义发表的，则保护期应该按照自然人作品的保护期计算，即存续到作者死亡后50年。

规定的最终部分。

第五十七条 （保护期限的计算方法）

在第五十一条第二款、第五十二条第一款、第五十三条第一款或者第五十四条第一款的情况下，关于作者死亡后50年、作品发表后50年或者创作后50年或者发表后70年或者创作后70年的结束期间的计算，都从作者死亡之日或者作品发表或者创作之日的第二年开始计算。

第五十八条 （保护期限的特例）

根据保护文学艺术作品的伯尔尼公约、建立世界知识产权组织公约或者建立世界贸易组织的马拉喀什协议，如果须将伯尔尼公约成员国国民的作品、世界知识产权组织缔约国国民的作品或者世界贸易组织成员国民的作品作为本国作品加以保护（符合第六条第一项的作品除外），而该成员国内规定的著作权保护期限短于第五十一条至第五十四条规定的著作权保护期限时，则以该成员国内规定的著作权保护期限为准。

第五节　作者人格权的人身专属性等

第五十九条 （作者人格权的人身专属性）

作者人格权专属于作者，不得转让。

第六十条 （作者死亡后人格利益的保护）

向公众提供或者提示作品的人，即使在该作品的作者死亡后，也应该像作者在世一样，不得从事损害作者人格权的行为。但是，按照该行为的性质、程度、社会环境的变化以及其他因素，认为该行为不会违背作者的意志的，不在此限。

第六节　著作权的转让和消灭

第六十一条　（著作权的转让）

著作权可以全部或者部分转让。

第二十七条或者第二十八条规定的权利作为转让标的，在著作权转让合同中没有明确约定转让的，推定由转让人保留。

第六十二条　（没有继承人时著作权的消灭）

在下列情况下，著作权消灭。

（一）著作权人死亡后，其著作权根据民法第959条（归国库的剩余财产）的规定应该归属国库的。

（二）作为著作权人的法人解散后，根据关于一般社团法人以及一般财团法人的法律第二百三十九条第三款（归国库的剩余财产）和其他相应法律的规定，其著作权应该归国库的。

电影作品著作权根据前款规定消灭时，准用于第五十四条第二款的规定。❶

第七节　权利的行使

第六十三条　（作品的使用许可）

作者可以许可他人使用其作品。

获得前款许可的人，在使用许可的方法和条件范围内，可以使用该作品。

基于第一款中的使用许可而获得的使用作品的权利，未经过

---

❶　该款规定的意思是：因没有继承人或者法人等解散，致使电影著作权消灭的，该电影作品中被利用的小说、剧本等作品作者利用该电影作品的著作权也随之消灭。

作者同意，不得转让。

关于作品播放或者有线播放的许可，不包括该作品录音或者录像的许可，但合同有特别约定的除外。

获得作品传播可能化许可的人，在使用许可的方法和条件（传播可能化的次数或者用于传播可能化的自动公众传播服务器除外）范围内重复进行的传播可能化，或者使用其他自动公众传播服务器进行的传播可能化，不适用第二十三条第一款的规定。

第六十四条　（合作作品著作人格权的行使）

合作作品著作人格权，未经合作作者全体同意，不得行使。

合作作品的各个作者，不得违反信义妨碍达成前款规定的合意。

合作作品的作者，可以从中选定代表行使著作人格权。

对代表行使前款权利的代表权的限制，不得对抗善意第三人。

第六十五条　（共有著作权的行使）

合作作品著作权和其他共有的著作权（本条以下称为共有著作权），未经其他共有者同意，各共有者不得转让所持份额，或者将所持份额作为质权的标的。

共有著作权，未经全体共有者达成合意，不得行使。

在前两款情况下，各共有者没有正当理由，不得拒绝第一款的同意或者妨碍达成第二款的合意。

第六十四条第三款和第四款的规定，准用于共有著作权的行使。

第六十六条　（成为质权标的的著作权）

以著作权作为标的设定质权的，著作权由著作权人行使，但设定质权时有特别规定的除外。

对于著作权人转让著作权或者利用该著作权所属作品应该获得的金钱或者其他物质（包括设定出版权时的对价），也可以行使以著作权为标的的质权。但是，支付或者交付金钱或者物质之前，必须冻结接受该金钱或者物质的权利。

第八节　根据裁定对作品的使用

第六十七条　（著作权人不明等情况下作品的使用）

已经发表的作品或者经过一定期间提供或者提示给公众的事实明显的作品，由于著作权人不明或者其他类似原因，根据政令规定付出相当的努力仍然无法和著作权人取得联系的情况下，经过文化厅长官裁定并为著作权人寄存了文化厅长官规定的相当于通常使用费的补偿金的，可以采用裁定的方法加以使用。

获得前款规定裁定的人，必须向文化厅长官提交记载作品使用方法和其他政令规定事项的申请书和与著作权人无法取得联系的说明资料以及政令规定的其他资料。

在根据第一款规定制作的作品复制品上，必须注明是根据同款裁定制作的复制件以及裁定的年、月、日。

第六十七条之二　（裁定申请中的作品的使用）

提出第六十七条第一款裁定（本条以下简称为裁定）申请的人，在参照了该作品使用方法并寄存了文化厅长官规定的担保金时，在裁定决定作出之前的期间（在裁定决定作出之前与著作权人取得联系的，至取得联系之前的期间），可以采用与该申请中使用方法相同的方法，使用裁定申请中的作品。但是，该作品作者停止该作品的出版或者其他使用的意图非常明显的，不在此限。

在根据前款规定制作的作品复制品上，必须注明属于适用该款制作的作品复制品以及提出裁定申请的年、月、日。

根据第一款规定使用作品的人（以下称为申请使用者）获得了使用作品的裁定的，不管第六十七条第一款的规定如何，与根据第六十七条之二第一款寄存的担保金数额相当的补偿金（担保金超过补偿金时，指未超过的部分），根据第六十七条第一款的规定不需要再寄存。

申请使用者未获得使用作品的裁定决定的（在该决定作出前的期间已经与著作权人联系上的除外），在该决定作出之前的期间，必须根据第一款规定将与使用该作品使用费相当的费用按照文化厅长官规定的数额为著作权人寄存补偿金。在这种情况下，根据第一款规定已经寄存的担保金中与补偿金相当的数额（补偿金超过担保金时，指未超过的部分），视为已经寄存的补偿金。

申请使用者裁定决定作出之前的期间与著作权人联系上的，在联系上之前的期间，必须根据第一款规定向著作权人支付与使用该作品使用费相当的补偿金。

在前三款的情况下，著作权人应该得到的第六十七条第一款或者第六十七条之二第四款、第五款规定的补偿金，可以从第六十七条之二第一款规定的担保金中得到偿还。

根据第一款规定寄存担保金的人，该担保金的数额超过根据前款规定著作权人可以得到偿还的补偿金部分，根据政令的规定，可以全部或者部分收回。

第六十八条　（作品的播放）

希望播放已经发表的作品的播放组织，请求与著作权人达成播放许可协议，但未达成协议或者无法进行协议的，经文化厅长官裁定，并且向著作权人支付文化厅长官规定的相当于一般使用费的补偿金的，可以播放该作品。

按照前款规定播放的作品，可以进行有线播放、专门以该播放服务地域范围内接受为目的的自动公众传播（包括在连接至供公众使用的电信线路上的自动公众传播服务器中上载信息的传播可能化）或者使用接收装置进行公开传达。在这种情况下，从事该有线播放、自动公众传播或者传达的人，除了第三十八条第二款和第三款规定的情况外，必须向著作权人支付相当于一般使用费的补偿金。

第六十九条 （在商业录音制品上的录音等）

商业录音制品首次在国内销售并自首次销售之日起满 3 年的，希望得到该商业录音制品中的著作权人许可将该商业录音制品中已经录音的音乐作品进行录音以制作其他商业录音制品的人，请求与著作权人达成录音并通过转让该录音向公众提供的协议，但未达成协议或者无法进行协议的，经过文化厅长官裁定，并且向著作权人支付了文化厅长官规定的相当于一般使用费的补偿金的，可以对该音乐作品进行录音并通过转让该录音向公众提供。

第七十条 （关于裁定的程序和标准等）

申请第六十七条第一款、第六十八条第一款或者前条裁定的人，必须参照实际费用缴纳政令规定的手续费。

按照前款规定应该缴纳手续费的人是国家或者政令规定的独立行政法人（在第七十八条第六款、第一百零七条第二款中，称为国家等）的，考虑到其业务的性质和其他情况，不适用前款规定。

收到第六十八条第一款或者前条的裁定申请的，文化厅长官必须将该申请通知有关著作权人，并指定一定期间，给予其陈述意见的机会。

收到第六十七条第一款、第六十八条第一款或者前条的裁定申请的，文化厅长官认为存在下列情形之一的，不得作出允许使用的裁定。

（一）作者明显要停止其作品的出版或者其他利用的事实的。

（二）与第六十八条第一款裁定申请有关的著作权人不给予播放其作品的许可存在不得已的情况的。

预计根据前款规定作出不允许使用的裁定的（根据第七款规定不作出允许使用裁定决定的除外），文化厅长官必须事先将理由通知申请人，并给予其申辩和提出有利证据的机会。已经作出不允许使用的裁定的，必须附上书面理由，并将该裁定通知申请人。

作出第六十七条第一款的裁定的，文化厅长官必须以官报的形式加以公布，并通知申请人。作出第六十八条第一款或者前条的裁定的，必须通知当事人。

收到申请利用者撤回第六十七条第一款的裁定申请的申请的，文化厅长官必须作出不予裁定的决定。

除上述各款规定外，有关本节规定的裁定的必要事项，按照政令的规定处理。

第九节　补偿金等

第七十一条　（向文化审议会的咨询）

文化厅长官在规定第三十三条第二款（包括同条第四款中准用的情形）、第三十三之二第二款、第六十七条第一款、第六十七条之二第四款、第六十八条第一款或者第六十九条的补偿金数额时，必须向文化审议会进行咨询。

第七十二条　（关于补偿金数额的诉讼）

对按照第六十七条第一款、第六十七条之二第四款、第六十八条第一款或者第六十九条的规定确定的补偿金数额不服的当事人，在得知按照这些规定作出裁定（在第六十七条之二第四款规定的情形中，指不作出第六十七条第一款裁定的决定）之日起6个月内，可以提起诉讼请求增加或者减少补偿金数额。

在前款的诉讼中，提起诉讼的人是利用作品的人的，必须以著作权人为被告，提起诉讼的人是著作权人的，必须以利用作品的人为被告。

第七十三条　（对补偿金数额异议申请的限制）

对第六十七条第一款、第六十八条第一款或者第六十九条的裁定决定根据《行政不服审查法》提出异议的，对补偿金数额裁定的不服不得作为对裁定决定不服的理由。但是，获得了第六十七条第一款裁定决定的人，基于著作权人不明或者其他类似理由无法根据前条第一款的规定提起诉讼的，不在此限。

第七十四条 （补偿金等的寄存）

必须支付第三十三条第二款（包括同条第四款中准用的情形）、第三十三条之二第二款、第六十八条第一款或者第六十九条补偿金的人，在下列情况下，必须寄存该补偿金以代替支付补偿金。

（一）著作权人拒绝受领补偿金或者无法受领补偿金的。

（二）应该支付补偿金的人无过失且无法确定著作权人的。

（三）应该支付补偿金的人就补偿金的数额提出了第七十二条第一款的诉讼的。

（四）以该著作权为标的设定了质权的（获得质权人同意的除外）。

在前款第三项规定的情况下，著作权人提出请求的，应该支付补偿金的人除支付自己估算的金额外，还必须寄存自己估算的金额与裁定确定的补偿金数额之间的差额。

按照第六十七条第一款、第六十七条之二第四款或者前两款规定的补偿金的寄存或者按照同条第一款规定的担保金的寄存，在已知著作权人在国内的住所或者居所时，应该在离该住所或者居所最近的寄存所寄存。在其他的情况下，应该在离寄存者的住所或者居所最近的寄存所寄存。

已经进行了前款规定寄存的，必须及时通知著作权人。但是，著作权人不明或者因其他理由无法通知著作权人的，不在此限。

第十节　登　　记

第七十五条　（真名登记）

以匿名或者假名发表作品的作者，不管是否真正享有该作品著作权，都可以就该作品进行真名登记。

作者可以通过遗嘱指定他人在其死后进行前款的登记。

进行了真名登记的人，推定为该登记作品的作者。

第七十六条　（首次发行年月日的登记）

著作权人或者匿名、假名作品的发行者，可以就该作品的首次发行年月日或者首次发表的年月日进行登记。

进行了首次发行年月日登记或者首次发表年月日登记的作品，登记的年月日推定为首次的发行日期或者发表日期。

第七十六条之二　（创作年月日的登记）

计算机程序的作者，可以就其作品创作的年月日进行登记。但是，该作品创作后满 6 个月的，不在此限。

进行了前款登记的作品，登记的年月日推定为创作的日期。

第七十七条　（著作权的登记）

在下列情况下，未经登记，不得对抗第三人。

（一）著作权由于转移（继承和其他一般性承继除外。第二款规定相同）或者信托发生变更，或者对著作权处分的限制。

（二）以著作权为标的的质权设定、转移、变更或者消灭（因混同或者著作权担保的债权消灭的除外），或者对以著作权为标的的质权处分的限制。

第七十八条　（登记手续等）

第七十五条第一款、第七十六条第一款、第七十六条之二第一款或者前条的登记，由文化厅长官记载于著作权登记原簿上或者进行储存。

著作权登记原簿，根据政令的规定，可以全部或者部分制成磁盘（包括根据类似方法确实可以储存信息的介质。第四款规定与此相同）。

文化厅长官在进行第七十五条第一款的登记时，必须在官报上公布。

任何人都可以向文化厅长官提出请求，要求提供著作权登记原簿的副本或者抄本及其附件的复制件，阅读著作权登记原簿及其附件，或者要求提供已经记载了储存于磁盘中的有关事项的文件。

提出前款请求的人，必须参照实际费用缴纳政令规定的手续费。

根据前款规定应该缴纳手续费的人是国家等的，该款不适用。

关于第一款规定的登记的处理，不适用《行政诉讼法》第二章以及第三章的规定。

著作权登记原簿及其附件，不适用《行政机关信息公开法》的规定。

记录在著作权登记原簿及其附件中的个人信息（指《关于行政机关保有的个人信息保护的法律》第二条第三条规定的个人信息），不适用该法第四章的规定。

除本节规定外，有关第一款规定的登记的必要事项，按照政令的规定处理。

第七十八条之二　（关于计算机程序登记的特殊规定）

有关计算机程序的登记，除本节规定的事项外，其他事项由其他法律规定。

第三章　出版权

第七十九条　（出版权的设定）

享有第二十一条规定权利的人（本章以下称为复制权人），可以针对负责将其作品以文书或者图画形式出版的人设定出版权。

复制权人以其复制权为标的设定了质权的，只有获得质权人许可，才能设定出版权。

第八十条　（出版权的内容）

出版权人享有根据设定行为的规定、以发行为目的、将出版权标的的作品按照原样印刷或者采用其他物理的、化学的方法作为文书或者图画进行复制的专有权利。

在出版权保护期限内，当作品的作者死亡或者除设定行为有特别规定外，从出版权设定后自首次出版之日起满三年的，不管前款的规定如何，复制权人可以将该作品收入全集或者其他编辑物（限于只有该作者作品的编辑物）并进行复制。

出版权人不得许可他人复制作为出版权标的的作品。

第八十一条　（出版的义务）

出版权人对于作为出版权标的的作品，负有下列各项列举的义务。但设定行为有特别规定的除外。

（一）从收到复制权人对复制该作品必要的原稿或者其他原件或者与此类似的介质之日起六个月内，出版该作品。

（二）按照惯例继续出版该作品。

第八十二条　（作品的修改、增删）

在出版权人再次复制时，作者可以在正当的范围内修改或者增删其作品。

出版权人希望再次复制作为出版权标的的作品的，每次都必须事先通知作者。

第八十三条　（出版权的保护期限）

出版权的保护期限，由设定出版权的行为规定。

设定行为没有规定保护期限时，出版权自设定出版权后首次出版之日起满三年后消灭。

第八十四条　（出版权的消灭请求）

出版权人违反第八十一条第一项规定的义务的，复制权人可以通知出版权人，消灭该出版权。

出版权人违反第八十一条第二项规定的义务时，复制权人可以规定三个月的期限，催促其履行该义务。在该期限内出版权人没有履行该义务的，复制权人可以通知出版权人，消灭该出版权。

作为复制权的著作权人，在该作品的内容不符合自己的意愿时，为了终止该作品的出版，可以通知出版权人消灭该出版权。但是，在复制权人没有事先赔偿由于终止出版权而给出版权人造成的通常损失的情况下，不在此限。

第八十五条　（删除）

第八十六条　（出版权的限制）

第三十条第一款（第三项除外。第二款中的规定相同）、第三十一条第一款、第三十二条、第三十三条第一款（包括同条第四款中准用的情形）、第三十三条之二第一款、第三十四条第一款、第三十五条第一款、第三十六条第一款、第三十七条第一款以及第三款、第三十七条之二、第三十九条第一款、第四十条第一款和第二款、第四十一条至第四十二条之二、第四十六条至第四十七条之二的规定，准用于作为出版权标的的作品的复制。在此情况下，第三十五条第一款、第四十二条第一款以及第四十七条之二中的“著作权人”，改为“出版权人”。

在前款中准用的第三十条第一款、第三十一条第一款第一项、第三十三条之二第一款、第三十五条第一款、第三十七条第三款、第三十七条之二正文（属于同条第二项规定的情况时，指同项）、第四十一条至第四十二条之二、第四十七条之二规定的目的以外，发行适用这些规定制作的作品复制品，或者通过该复制品向公众提示该作品的人，视为从事了第八十条第一款规定的复制行为。

第八十七条　（出版权的转让等）

在复制权人同意的情况下，出版权可以转让或者作为质权的标的。

第八十八条　（出版权的登记）

在下列情况下，未经登记，出版权不得对抗第三人。

（一）出版权的设定、转移（继承和其他一般承继除外。第二项规定相同）、变更或者消灭（因混同或者复制权终止发生的消灭除外）或者出版权处分的限制。

（二）以出版权作为标的的质权设定、转移、变更或者消灭（因为混同或者出版权或者担保的债权消灭而发生的消灭除外），或者以出版权作为标的的质权处分的限制。

第七十八条（第二款除外）的规定，准用于前款的登记。在此情况下，同条第一款、第二款、第四款、第八款和第九款中的“著作权登记原簿”改为“出版权登记原簿”。

第四章　著作邻接权

第一节　总　　则

第八十九条　（著作邻接权）

表演者享有第九十条之二第一款和第九十条之三第一款规定的权利（以下称为表演者人格权），九十一条第一款、第九十二条第一款、第九十二条之二第一款、第九十五条之二第一款以及第九十五条之三第一款规定的权利，以及第九十四条之二、第九十五条之三第三款规定的报酬权和第九十五条第一款规定的获得二次使用费的权利。

录音制品制作者享有第九十六条、第九十六条之二、第九十七条之二第一款、第九十七条之三第一款规定的权利，以及第九十七条第一款规定的获得二次使用费的权利、第九十七条之三第三款规定的获得报酬的权利。

播放组织，享有第九十八条至第一百条规定的权利。

有线播放组织，享有第一百条之二至第一百条之五规定的权利。

前款规定权利的享有，无需履行任何手续。

第一款至第四款规定的权利（表演者人格权、第一款和第二款规定的报酬权和获得二次使用费的权利除外），称为著作邻接权。

第九十条　（作者权利和著作邻接权的关系）

本章的规定，不得做影响作者权利的解释。

第二节　表演者的权利

第九十条之二　（姓名表示权）

表演者在向公众提供或者提示其表演时，享有是否将其姓名、艺名或者其他名字作为其表演者名使用的权利，以及是否表明其表演者名的权利。

使用表演的人，如果表演者没有特别声明，则可以按照表演者已有的表明表演者的方式表明表演者名。

表演者名的表示，按照表演的使用目的以及方法不会产生损害表演者对其表演主张的利益的，在不违反公众的惯例情况下，可以省略。

具备下列情形之一的，第一款的规定不适用。

（一）按照行政机关信息公开法、独立行政法人等信息公开法或者信息公开条例的规定，行政机关长官、独立行政法人等或者地方公共团体机关或者地方独立行政法人等在向公众提供或者提示表演时，按照该表演者已有的表明表演者名的方式表明表演者名的。

（二）根据行政机关信息公开法第六条第二款的规定、独立行政法人等信息公开法第六条第二款的规定，或者按照信息公开条例规定的相当于行政机关信息公开法第六条第二款规定的内容，行政机关长官、独立行政法人等或者地方共同团体机关以及地方独立行政法人在向公众提供或者提示表演、省略该表演者名的表示的。

第九十条之三　（保护表演完整权）

表演者有权保持其表演的完整性，可以禁止损害其名誉或者声望改变、删除或者其他改变其表演的行为。

按照表演的性质以及使用目的和方法不得不进行的改变或者不违反公正的惯例的改变，前款规定不适用。

第九十一条 （录音权和录像权）

表演者享有对其表演进行录音、录像的专有权利。

经过享有前款规定权利的人许可在电影作品中进行录音、录像的表演，除将该表演在录音介质上进行录音外（专门和影像一起播放的录音介质除外），前款规定不适用。

第九十二条 （播放权和有线播放权）

表演者享有播放或者有线播放其表演的专有权利。

具备下列情形之一的，前款规定不适用。

（一）有线播放被播放的表演。

（二）播放或者有线播放下列表演：

1. 经过原有第九十一条第一款规定权利的人许可进行录音、录像的表演。

2. 在第九十一条第二款规定的录音介质以外的介质上进行录音、录像的表演。

第九十二条之二 （传播可能化权）

表演者享有对其表演进行传播可能化的专有权利。

具备下列情形之一的表演，前款规定不适用。

（一）经过享有第九十一条第一款规定权利的人许可进行录像的表演。

（二）在第九十一条第二款规定录音介质以外的介质上进行录音、录像的表演。

第九十三条 （为了播放的固定）

经过第九十二条第一款规定的权利人许可进行表演播放的播放组织，为了播放可以对该表演进行录音、录像。但是，在合同有特别约定的情况下，或者为了在与许可播放的节目不同内容的播放节目中使用而进行录音、录像的情况下，不在此限。

下列之人，视为进行了第九十一条第一款规定的录音、录像的人。

（一）为了播放以外的目的或者前款但书规定的目的，使用或者提供根据前款规定制作的录音介质或者录像介质的人。

（二）获得他人提供的根据前款规定制作的录音介质或者录像介质后，再将该录音介质或者录像介质提供给其他播放组织进行进一步播放的播放组织。

第九十四条 （通过播放用的固定介质等进行的播放）

除了合同另有约定外，享有第九十二条第一款规定权利的人已经许可播放其表演的，除该许可的播放外，在下列的播放中，也可以播放其表演。

（一）经过许可的播放组织使用按照前条第一款规定制作的录音介质或者录像介质进行的播放。

（二）使用经过许可的播放组织根据前条第一款制作并提供的录音介质或者录像介质进行的播放。

（三）使用经过许可的播放组织提供并经过许可的播放节目进行的播放（前项规定的播放除外）。

在前款规定的前提下，在该款各项所列播放中播放表演的，各项规定的播放组织，必须向对该表演享有第九十二条第一款规定权利的人支付合理的报酬。

第九十四条之二 （对播放的表演进行的有线播放）

有线播放组织，在有线播放播放的表演的（不以营利为目的，而且不向听众或者观众收取任何费用（指以任何名义就该表演的提示获得的对价。下条第一款中的含义相同）的除外），必须向该表演（限于著作邻接权保护期限内的表演，而且第九十二条第二款第二项规定的表演除外）的表演者支付合理的报酬。

第九十五条 （商业录音制品的二次使用）

播放组织和有线播放组织（本条以下以及第九十七条中称为播放组织等），使用经过享有第九十一条第一款规定权利的人的许可而对其表演进行录音的商业录音制品进行播放或者有线播放时（不以营利为目的，而且不向听众或者观众收取任何费用，并且在接收该播放的同时进行有线播放的除外），必须向该表演（限于第七条第一项至第六项规定的而且在邻接权保护期限内的表演。第二款到第四款规定中的表演含义相同）的表演者支付二次使用费。

前款规定，适用于根据表演者等保护条约第十六条1（a）（i）的规定、不适用该条约第十二条规定的缔约国国民作为录音制品制作者制作的录音制品中被固定的表演的表演者。

关于第八条第一项所列的录音制品，在表演者等保护条约的成员国根据该条约第十二条规定提供的保护期限比第一款规定的表演者享受保护的期限短时，该缔约国国民作为录音制品制作者制作的录音制品中被固定的表演的表演者根据同款规定受保护的期限，按照第八条第一项列举的缔约国根据表演者等保护条约第十二条规定的保护期限计算。

在对表演、录音制品条约第十五条（3）的规定予以保留的缔约国国民作为录音制品制作者制作的录音制品中被固定的表演的表演者，第一款的规定限于在该保留的范围内适用。

获得第一款规定的二次使用费的权利，存在由在国内从事表演为业的相当数量的表演者作为成员组成的团体（包括其联合体）时，只能由其中经过该团体同意并经文化厅长官指定的团体行使。

除非具备下列要件的团体，文化厅长官不得进行前款规定的指定。

（一）不以营利为目的。

（二）组成人员可以自由加入和退出。

（三）组成人员的决议权和选举权平等。

（四）拥有足够的、能够自己为第一款规定的二次使用费权利人完成行使权利业务的能力。

第五款规定的团体，收到权利人的申请时，不得拒绝为其行使有关权利。

第五款规定的团体，收到前款的申请时，享有为了权利人利益而以自己名义从事有关权利的裁判内外活动的权限。

文化厅长官根据政令规定，可以要求第五款规定的团体报告与第一款规定的二次使用费有关的业务，或者要求其提出账簿、文件或者其他资料，或者为了改善其业务执行方法，对其进行必要的劝告。

第五款规定的团体根据同款规定为了权利人可以请求的二次使用费数额，每年由该团体和播放组织或者其他团体协商确定。

达不成前款规定的协议的，当事人可以根据政令的规定，就二次使用费的数额请求文化厅长官进行裁定。

第七十条第三款、第六款和第八款以及第七十一条至第七十四条的规定，准用于前款的裁定以及二次使用费。在此情况下，第七十条第三款中的“著作权人”应替换为“当事人”，第七十二条第二款中的“利用作品的人”，应替换为第九十五条第一款的“播放组织等”、“著作权人”应替换为“同条第五款的团体”，第七十四条中的“著作权人”应替换为“第九十五条第五款的团体”。

关于禁止私人独占以及确保公正交易的法律的规定，不适用于基于第十款协议所作出的决定以及据此实施的行为。但是，采用不公正的交易方法以及不当损害相关事业者的利益的，不在此限。

除第五款至前款的规定外，有关第一款规定的二次使用费的支付以及第五款规定的团体的必要事项，由政令规定。

第九十五条之二　（转让权）

表演者享有通过转让其表演的录音介质或者录像介质向公众提供其表演的专有权利。

前款规定，不适用于下列表演。

（一）经过享有第九十一条第一款规定权利的人许可录像的表演。

（二）第九十一条第二款规定的表演中，采用同款规定的录音介质以外的介质进行录音、录像的表演。

通过下列方式转让的表演（前款各项列举的表演除外。本条以下规定相同）录音介质或者录像介质，第一款规定不适用。

（一）享有第一款规定权利的人或者经过其许可的人转让给公众的表演录音介质或者录像介质。

（二）根据第一百零三条中准用第六十七条第一款规定，经过裁定转让给公众的表演录音介质或者录像介质。

（三）适用第一百零三条中准用第六十七条之二第一款规定转让给公众的表演录音介质或者录像介质。

（四）享有第一款规定权利的人或者经过其许可的人转让给特定而且少数人的表演录音介质或者录像介质。

（五）不损害相当于第一款规定权利的权利、经过相当于同款规定权利的权利人或者经过其许可的人在国外转让的表演录音介质或者录像介质。

第九十五条之三　（出租权等）

表演者享有通过出租对其表演进行了录音的商业录音制品的方式向公众提供其表演的专有权利。

已过政令规定的从首次销售之日起 1 个月以上但未满 12 个月期间的商业录音制品（包括所有与该商业录音制品具有同样内容的复制品。以下称为过期商业录音制品）的出租，前款规定不适用。❶

以向公众出租商业录音制品为业的人（以下称为出租业者），通过出租过期商业录音制品向公众提供表演的，必须向该表演

---

❶　该款规定的意思是，表演者禁止他人出租商业录音制品的权利只有 1 年的保护期限，对于从首次销售之日开始经过了 1 年的商业录音制品，表演者不能再禁止他人出租。超过了 1 年禁止权的商业录音制品称为过期商业录音制品。

（限于著作邻接权在保护期限内的表演）的表演者支付合理的报酬。[1]

第九十五条第五款至第十四款的规定，准用于前款规定的获得报酬的权利。在此情况下，同条第十款中的“播放组织等”以及同条第十二款中的“九十五条第一款的播放组织等”，应替换为“第九十五条之三第三款的出租业者”。

享有第一款规定权利的人获得许可使用费的权利，可由前款规定中准用第九十五条第五款的团体行使。

第九十五条第七款至第十四款的规定，准用于前款的情况。在此情况下，准用第四款后段的规定。

第三节　录音制品制作者的权利

第九十六条　（复制权）

录音制品制作者，享有复制其录音制品的专有权利。

第九十六条之二　（传播可能化权）

录音制品制作者，享有传播可能化其录音制品的专有权利。

第九十七条　（商业录音制品的二次使用）

播放组织等使用商业录音制品进行播放或者有线播放的（不以营利为目的，而且不向听众或者观众收取任何费用（指以任何名义对录音制品的声音进行提示时收取的费用）、在接收该播放的同时进行有线播放的除外），必须向该录音制品（限于第八条第一项至第四项规定并在邻接权保护期限内的录音制品）制作者支付二次使用费。

---

[1] 该款规定的意思是，虽然出租过期商业录音制品不用经过表演者许可，但必须向其支付报酬。结合本条第二款的规定可以看出，表演者对商业录音制品的出租享有1年的禁止权和49年的报酬请求权。

第九十五条第二款和第四款的规定，准用于前款规定的录音制品制作者。同条第三款的规定，准用于根据前款规定受保护的期间。在此情况下，同条第二款至第四款规定中的“固定在国民作为录音制品制作者的录音制品中的表演的表演者”应替换为“国民作为录音制品制作者”，同条第三款中“表演者受保护的期间”应替换为“录音制品制作者受保护的期间”。

获得第一款规定的二次使用费的权利，只有由在国内从事商业录音制品制作为业的相当数量的人组成的团体中（包括其联合体）、经过该团体同意并经文化厅长官指令的团体才能行使。

第九十五条第六款至第十四款的规定，准用于第一款规定的二次使用费以及前款规定的团体。

第九十七条之二　（转让权）

录音制品制作者，享有通过转让其复制品向公众提供其录音制品的专有权利。

通过下列方式转让的录音制品复制品，不适用前款规定。

（一）享有前款规定权利的人或者经其许可的人向公众转让的录音制品复制品。

（二）按照第一百零三条中准用的第六十七条第一款规定，经过裁定向公众转让的录音制品复制品。

（三）适用第一百零三条中准用的第六十七条之二第一款规定，转让给公众的录音制品复制品。

（四）享有前款规定权利的人或者经其许可的人向特定而且少数的人转让的录音制品复制品。

（五）不损害相当于前款规定权利的权利、相当于前款规定权利的权利人或者经其许可的人在国外转让的录音制品复制品。

第九十七条之三　（出租权等）

录音制品制作者，享有通过出租该录音制品的商业录音制品的向公众提供的专有权利。

出租过期商业录音制品的，前款规定不适用。

录音制品出租业者，通过出租过期商业录音制品（限于邻接权保护期限内的录音制品）向公众提供录音制品的，必须向该录音制品的录音制品制作者支付合理的报酬。

第九十七条第三款的规定，准用于前款规定的获得报酬的权利的行使。

第九十五条第六款至第十四款的规定，准用于第三款规定的报酬以及前款中准用的第九十七条第三款规定的团体。在此情况下，准用第九十五条之三第四款后段的规定。

享有第一款规定权利的人获得许可使用费的权利，由第四款中准用的第九十七条第三款规定的团体行使。

第五款的规定，准用于前款规定的情况。在此情况下，第五款中的“第九十五第六款”应替换为“第九十五条第七款”。

第四节　播放组织的权利

第九十八条　（复制权）

播放组织享有接收播放或者接收播放后进行有线播放、将播放有关的声音或者影像进行录音、录像或者通过摄影等其他类似方式进行复制的专有权利。

第九十九条　（再播放权和有线播放权）

播放组织享有接收播放进行再播放或者有线播放的专有权利。

前款规定不适用于接收播放进行有线播放的人按照法令规定必须进行的有线播放。

第九十九条之二　（播放可能化权）

播放组织享有传播可能化其播放或者接收播放后进行有线播放的专有权利。

第一百条 （电视播放的传达权）

播放组织享有接收电视播放或者接收电视播放后进行有线播放的专有权利，以及使用放大影像的特别装置向公众传达其播放的专有权利。

第五节 有线播放组织的权利

第一百条之二 （复制权）

有线播放组织享有接收其有线播放、将有线播放的声音或者影像进行录音、录像或者通过摄影等其他类似方法进行复制的专有权利。

第一百条之三 （播放权和再有线播放权）

有线播放组织享有接收其有线播放后进行播放或者再有线播放的专有权利。

第一百条之四 （传播可能化权）

有线播放组织享有接收其有线播放进行传播可能化的专有权利。

第一百条之五 （有线电视播放的传达权）

有线播放组织享有接收其有线电视播放并使用放大影像的特别装置公开传达其有线播放的专有权利。

第六节 保护期限

第一百零一条 （表演、录音、播放或者有线播放的保护期限）

著作邻接权的保护期限，从下列各项规定的时间开始。

（一）表演从进行了表演时。

（二）录音从声音首次被固定时。

（三）播放从进行了播放时。

（四）有线播放从进行了有线播放时。

著作邻接权的保护期限，至下列各项规定的时间届满。

（一）表演从进行了表演之日的第二年起经过 50 年。

（二）录音从发行之日的第二年起经过 50 年（声音首次被固定之日开始 50 年之内未发行的，从声音首次被固定之日的第二年起 50 年）。

（三）播放从进行了播放之日的第二年起经过 50 年。

（四）有线播放从进行了有线播放之日的第二年起经过 50 年。

第七节　表演者人格权的人身专属性等

第一百零一条之二　（表演者人格权的人身专属性）

表演者人格权专属于表演者，不得转让。

第一百零一条之三　（表演者死亡后人格利益的保护）

向公众提供或者提示表演的人，即使在该表演者死亡后，也不得从事侵害表演者人格权的行为。但是，按照行为的性质和程度、社会环境的变化和其他因素，该行为不会违背表演者意愿的，不在此限。

第八节　权利的限制、转让、行使等以及登记

第一百零二条　（著作邻接权的限制）

第三十条第一款、第三十一条、第三十二条、第三十五条、第三十六条、第三十七条第三款、第三十七条之二（第一项除外。下款同）、第三十八条第二款和第四款、第四十一条至第四十二条之三、第四十四条（第二款除外）以及第四十七条之四至

第四十七条之八的规定，准用于邻接权标的的表演、录音、播放或者有线播放的利用，第三十条第二款、第四十七条之九的规定，准用于邻接权标的的表演或者录音制品的利用，第四十四条第二款的规定，准用于邻接权标的的表演、录音或者有线播放的利用。在此情况下，同条[1]第一款中的“第二十三条第一款”应替换为“第九十二条第一款、第九十九条第一款或者第一百条之三”，同条第二款中的“第二十三条第一款”应替换为“第九十二条第一款或者第一百条之三”。

按照前款中准用的第三十二条、第三十七条第三款、第三十七条之二或者第四十二条的规定或者下一款和第四款的规定，复制表演、录音、播放或者有线播放（以下称为表演等）的声音或者影像的情况下，存在注明其出处的惯例的，必须采用与上述复制方式相适应的、公认合理的方法和程度，注明其出处。

按照第三十三条之二第一款规定可以复制在教科书中登载的作品时，对适用同款规定制作的录音介质中录制的表演或者该录音介质的录音制品，可以通过复制并为了同款规定的目的转让该复制物的方式向公众提供。

符合第三十七条第三款政令规定的从事与视觉障碍福利有关的事业的人，根据同款规定可以复制视觉作品的，对于适用同款规定制作的录音介质中录音的表演或者有关该录音介质的录音制品，可以通过复制、为了同款规定的目的进行传播可能化以及转让其复制品的方式向公共提供。

成为著作邻接权标的并且已经播放的表演，可以专门以播放服务对象地域范围内接收为目的进行传播可能化（限于在连接至供公众使用的电信线路上的自动公众传播服务器中上载信息）。但是，损害对该播放享有第九十九条之二规定权利的人的权利的，不在此限。

根据前款规定进行传播可能化的人，除第一款中准用的第三

[1] 指第四十四条。

十八条第二款适用的情况外，必须向对该表演享有第九十二条之二第一款规定权利的人支付合理的补偿金。

前二款的规定，准用于成为著作邻接权标的的录音制品。在此情况下，前款中“第九十二条之二第一款”应替换为“第九十六条之二”。

按照第三十九条第一款、第四十条第一款和第二款规定可以播放或者有线播放作品的，对该作品的播放或者有线播放，可以接收进行有线播放或者使用特别装置放大影像进行公开传达，或者对该作品的播放在接收的同时专门以让播放服务对象地域范围内接收为目的进行传播可能化（限于在连接至供公众使用的电信线路上的自动公众传播装置中上载信息）。

下列之人，视为进行了第九十一条第一款、第九十六条、第九十八条或者第一百条之二录音、录像或者复制的人。

（一）为了第一款中准用的第三十条第一款、第三十一条第一款第一项、第三十五条第一款、第三十七条第三款、第三十七条之二第二项、第四十一条至第四十二条之二、第四十二条之三第二款、第四十四条第一款和第二款或者第四十七条之六规定目的以外的目的，对适用这些规定制作的表演等复制品，进行发行或者通过该复制品向公众提示该表演或者录音制品中的声音、播放或者有线播放中的声音或者影像的人。

（二）违反第一款中准用的第四十四条第三款的规定，保存同款规定的录音介质或者录像介质的播放组织或有线播放组织。

（三）发行在第一款中准用的第四十七条之四第一款或者第二款规定的内置储存媒介以外的储存媒介中暂时储存的表演等复制品的人，或者通过该复制品向公共提示该表演、录音制品中的声音、播放或者有线播放的声音或者影像的人。

（四）违反第一款中准用的第四十七条之四第三款的规定或者第四十七条之五第三款的规定，保存这些规定中的复制品的人。

（五）为了第一款中准用的第四十七条之五第一款和第二款

或者第四十七条之七规定目的以外的目的，使用适用这些规定制作的表演等复制品利用该表演等的人。

（六）违反第一款中准用的第四十七条之六但书的规定，使用适用同条正文规定制作的表演等复制品对该表演等进行传播可能化的人。

（七）将适用第一款中准用的第四十七条之八的规定制作的表演等复制品代替同条规定的表演等复制品进行使用、利用表演的人，或者不接收同条规定的表演等的传播（在应接收者请求进行自动传播的情况下，指政令规定的接收该传播或者类似的行为）进行使用、利用表演等的人。

（八）为了第三十三条之二第一款或者第三十七条第三款规定目的以外的目的，发行适用第三款或者第四款规定制作的表演或者录音制品复制品并通过该复制品向公众提示该表演或者录音制品中的声音的人。

第一百零二条之二　（和表演者人格权的关系）

关于前条有关著作邻接权的限制（同条第七款和第八款规定除外），不得进行影响表演者人格权的解释。

第一百零三条　（著作邻接权的转让、行使等）

第六十一条第一款的规定准用于著作邻接权的转让，第六十二条第一款的规定准用于著作邻接权的消灭，第六十三条的规定准用于表演、录音制品、播放或者有线播放使用许可，第六十五条的规定准用于著作邻接权的共有，第六十六的规定准用于以著作邻接权为标的设定的质权，第六十七条、第六十七条之二（第一款但书除外）、第七十条（第三款和第四款除外）、第七十一条至第七十三条以及第七十四条第三款和第四款的规定，准用于和著作邻接权人无法联系上的情况下表演、录音制品、播放或者有线播放的利用。在此情况下，第六十三条第五款中“第二十三条第一款”应替换为“第九十二条之二第一款、第九十六之二、第九十九条之二或者第一百条之四”，第七十条第五款中“前款”

应替换为“第一百零三条中准用的第六十七条第一款”。

第一百零四条　（著作邻接权的登记）

第七十七条、第七十八条（第二款除外）的规定，准用于有关著作邻接权的登记。在此情况下，同条第一款、第三款、第七款、第八款中的“著作权登记原簿”应替换为“著作邻接权登记原簿”。

第五章　私人录音录像补偿金

第一百零四条之二　（获得私人录音录像补偿金的权利的行使）

获得第三十条第二款（包括第一百零二条第一款中准用的情况。本章以下同）规定的补偿金（本章以下称为私人录音录像补偿金）的权利，存在为其权利人行使该权利的团体的，只能由其中按照下列不同补偿金在全国唯一设立的、经过该团体同意并经文化厅长官指定的团体（本章以下称为指定管理团体）行使。

（一）为私人使用目的进行录音（专门和录像同时进行的录音除外。本章以下称为私人录音）的私人录音录像补偿金。

（二）为私人使用目的进行录像（专门和录音同时进行的录像除外。本章以下称为私人录像）的私人录音录像补偿金。

按照前款规定指定时，指定管理团体享有为权利人利益以自己名义进行有关获得私人录音录像补偿金权利的裁判内外活动的权利。

第一百零四条之三　（指定的标准）

除具备下列条件的团体外，文化厅长官不得根据前条第一款的规定进行指定。

（一）属于一般社团法人。

（二）在前条第一款第一项规定的私人录音录像补偿金情况下，由下列第1、3、4列举的团体作为其成员组成。在同款第二项规定的私人录音录像补偿金情况下，由下列2、3、4列举团体作为其成员组成。

1. 由对有关私人录音的作品享有第二十一条规定权利的人作为成员（包括其联合体）组成的、能够代表在国内就私人录音的作品享有同条规定权利的人的利益的团体。

2. 由对有关私人录像的作品享有第二十一条规定权利的人作为成员（包括其联合体）组成的、能够代表在国内就私人录像的作品享有同条规定权利的人的利益的团体。

3. 由在国内以表演为业的相当数量的表演者作为成员组成的团体（包括其联合体）。

4. 由在国内以制作商业录音制品为业的相当数量的人作为成员组成的团体（包括其联合体）。

（三）前项第 1 至 4 列举的团体都必须具备下列要件：

1. 不以营利为目的。

2. 其成员可以自由加入或者退出。

3. 其成员的决议权和选举权平等。

（四）确实具有完成为权利人利益行使获得私人录音录像补偿金权利业务（包括与第一百零四条之八第一款规定的事业有关的业务。本章以下称为补偿金相关业务）的足够能力。

第一百零四条之四　（私人录音录像补偿金支付的特例）

购买第三十条第二款政令规定的机器（本章以下称为特定机器）或者储存媒介（本章以下称为特定储存媒介）的人（限于特定机器或者特定储存媒介供零售首次购买的人）在购买时，在指定管理团体请求支付根据第一百零四条之六第一款规定就该特定机器或者特定储存媒介确定的私人录音录像补偿金时，必须一次性付清用来进行私人录音或者录像的特定机器或者特定储存媒介的私人录音录像补偿金。

前款规定支付了私人录音录像补偿金的人，如果能够向指定管理团体证明其购买的特定机器或者特定储存媒介具有私人录音或者私人录像以外的其他专门用途的，则可以请求指定管理团体返回该补偿金。

在应第一款规定的支付请求支付了补偿金的特定机器或者特定储存器上进行私人录音或者录像的人，不管第三十条第二款的规定如何，在进行私人录音或者录像时，不需要支付录音录像补偿金。但是，特定机器或者特定储存媒介按照前款规定支付的私人录音录像补偿金返回的，不在此限。

第一百零四条之五　（制造业者等的协助义务）

前条第一款规定的指定管理团体请求私人录音录像补偿金时，特定机器或者特定储存媒介的制造或者进口者（下条第三款称为制造者等）必须协助请求以及受领私人录音录像补偿金的支付。

第一百零四条之六　（私人录音录像补偿金的标准）

第一百零四条之二第一款规定的指定管理团体行使获得私人录音录像补偿金的权利，在确定私人录音录像补偿金标准时，必须经过文化厅长官的认可。在变更私人录音录像补偿金标准时，亦同。

取得前款规定的认可的，不管第三十条第二款的规定如何，私人录音录像补偿金的标准以该认可的标准为准。

就第一百零四条之四第一款规定支付的补偿金申请认可时，指定管理团体必须事先听取代表制造业者等意见的制造业等团体的意见。

文化厅长官在考虑了第三十条第一款（包括第一百零二条第一款中准用的情形）以及第一百零四条之四第一款规定的宗旨、有关录音或者录像的一般使用费以及其他因素后，认为第一款申请认可的私人录音录像补偿金标准不合理的，不得对其进行认可。

文化厅长官决定认可第一款的私人录音录像补偿金标准的，必须向文化审议会咨询。

第一百零四条之七　（关于补偿金相关业务执行的规则）

指定管理团体决定开展补偿金相关业务的，必须制定有关补偿金相关业务执行的规则，并通知文化厅长官。变更相关业务时，亦同。

前款规定的规则，必须包括有关私人录音录像补偿金（限于根据第一百零四条之四第一款规定获得支付的补偿金）分配事项、指定管理团体考虑第三十条第二款规定的宗旨决定的有关分配事项。

第一百零四条之八 （关于为了著作权等保护事业的支出）

指定管理团体，必须将私人录音录像补偿金（限于按照第一百零四条之四第一款规定获得的补偿金）中政令规定的百分之二十，用于与著作权和著作邻接权保护有关的事业，以及与促进作品创作和作品普及有关的事业。

文化厅长官在决定制定前款的政令或者提出修改案时，必须向审议会进行咨询。

为确保与第一款规定事业有关的业务顺利开展，文化厅长官认为必要的时候，可以向指定管理团体发布与监督该业务有关的命令。

第一百零四条之九 （报告的收集等）

为确保指定管理团体的补偿金业务能够顺利开展，文化厅长官认为必要的时候，可以要求指定管理团体提出有关补偿金相关业务的报告、文件或者其他资料，并可以就补偿金相关业务执行方法的改善提出必要的劝告。

第一百零四条之十 （对政令的委任）

除了本章的规定外，其他有关指定团体以及补偿金相关业务的必要事项，由政令规定。

第六章 纠纷解决

第一百零五条 （解决著作权纠纷的调解委员）

为调解解决有关本法规定的权利纠纷，文化厅设立著作权纠纷解决调解委员（本章以下称为委员）。

委员由文化厅长官从具有著作权和邻接权学识、经验的人当中委任，每个案件不超过三人。

第一百零六条 （调解的申请）

发生了本法规定的权利纠纷时，当事人可以向文化厅长官申请调解。

第一百零七条 （手续费）

申请调解的人必须参照实际费用缴纳政令规定的手续费。

应该缴纳手续费用的人是国家等时，前款规定不适用。

第一百零八条 （调解的交付）

按照第一百零六条的规定，双方当事人申请调解或者一方当事人申请调解且另一方当事人同意的，文化厅长官应当将纠纷交付给委员调解。

收到前款规定的调解申请的，文化厅长官认为案件的性质不适合调解或者认为当事人出于不正当目的随便申请调解的，可以不交付调解。

第一百零九条 （调解）

委员应当作为当事人的中间人，准确查明双方主张的要点，按照案件的性质努力促成案件的解决。

委员认为通过调解解决案件没有希望的，可以不再调解。

第一百一十条 （报告等）

调解结束的，委员必须向文化厅长官报告。

委员根据前款的规定决定不再继续调解的，必须将该决定及其理由通知双方当事人，并向文化厅长官报告。

第一百一十一条 （对政令的委任）

除本章规定外，有关调解的程序以及委员的必要事项，由政令规定。

第七章 权利侵害

第一百一十二条 （差止请求权）❶

作者、著作权人、出版权人、表演者或者著作邻接权人，对侵害其著作人格权、著作权、出版权、表演者人格权或者著作邻接权的人或者有侵害危险的人，可以请求其停止侵害或者采取措施预防侵害。

作者、著作权人、出版权人、表演者或者著作邻接权人根据前款规定提出请求时，可以请求行为人销毁构成侵权行为的物、通过侵权行为制成的物、专门供侵权行为使用的机械或者器具，或者采取其他停止或者预防侵害的必要措施。

第一百一十三条 （视为侵害行为的行为）

下列行为，视为侵害作者人格权、著作权、出版权、表演者人格权或者著作邻接权的行为：

（一）以在国内发行为目的，进口在进口时如果在国内制作将会构成侵害作者人格权、著作权、出版权、表演者人格权或者著作邻接权行为的物；

（二）明知属于侵害作者人格权、著作权、出版权、表演者人格权或者著作邻接权的行为制作的物（包括按照前款规定进口的物），而进行发行、以发行为目的持有、许诺销售、以营业为目的的出口、以进行营业性出口为目的而持有的行为。

---

❶ 日本著作权法中的差止请求权，包括停止侵害危险请求权、停止侵害请求权、废弃侵权结果物请求权、销毁侵权工具请求权，以及采取其他预防侵害的必要措施的请求权。

在业务计算机上使用侵害计算机程序制作的复制品（包括该复制品所有权人根据第四十七条之三第一款规定制作的复制品、前款第一项规定的进口计算机程序的复制品，以及该复制品的所有权人根据同条第一款规定制作的复制品）的行为，如果取得该复制品的权源时主观上明知，视为侵害著作权的行为。

下列行为，视为侵害与权利管理信息有关的作者人格权、著作权、表演者人格权或者著作邻接权的行为：

（一）故意增加虚假信息作为权利管理信息的行为；

（二）故意删除或者改变权利管理信息的行为（由于技术限制原因随着储存或者传播方式的改变而发生的删除或改变、按照作品或者表演等的使用目的和方法不得不进行的删除或改变除外）；

（三）明知属于前二项被增加、删除或者改变权利管理信息的作品或者表演等，而发行、为发行目的进口或者持有、向公众传播或者进行传播可能化的行为。

第九十四条之二、第九十五条之三第三款、第九十七条之三第三款规定的报酬或者第九十五条第一款、第九十七条第一款规定的获得二次使用费的权利在使用前款规定时，视为著作邻接权。在此情况下，前条中的“著作邻接权人”应替换为“著作邻接权人（包括根据下一条第四款规定享有视为著作邻接权的人)”、同条第一款中“著作邻接权”应替换为“著作邻接权（包括根据同款规定视为著作邻接权的权利)”。

自己发行或者许可他人发行以在国内发行为目的制作的商业录音制品（本款以下称为国内发行目的商业录音制品）的著作权人或者著作邻接权人，在将与国内发行目的商业录音制品同样的商业录音制品专门以在国外自己发行或者许可他人发行（本款以下称为国外发行目的的商业录音制品）为目的的情况下，行为人如果主观上明知，为了将该国外发行目的的商业录音制品在国内发行而进口、发行或者持有的行为，如果该国外商业目的商业录音制品在国内发行不当损害了在国内发行目的商业录音制品的著作权人或者著作邻接权人的可期待利益，其行为视为侵害了著作权或者著作邻接权的行为。但是，进口、在国内发行、为了在国内发行而持有与已过政令规定的在国内首次发行之日起不超过7年保护期的、与该国内发行目的商业录音制品相同的国外发行目的商业录音制品的行为，不在此限。[1]

以损害作者名誉或者声望的方法利用作品的行为，视为侵害该作者著作人格权的行为。

第一百一十三条之二 （善意者转让的特例）

在受让作品原件或者复制品（电影作品复制品（包括电影作品中被复制作品的复制品）除外。本条以下规定的含义相同）、表演的录音介质或者录像介质、录音复制品时，不知道该作品原件或者复制品、表演的录音介质或者录像介质或者录音复制品不属于第二十六条之二第二款各项、第九十五条之二第三款各项或者第九十七条之二第二款各项规定的作品原件或者复制品，而且不知道同时没有过失的人，向公众转让该作品原件或者复制品、

---

[1] 此款规定的这种视为著作权或者著作邻接权的行为，法条上规定得特别复杂、给人理解造成非常大的困难。该款是2004年日本修改著作权法时增加的，目的在于有限制地控制商业录音制品的平行进口，以避免由于价格差异引起国内市场混乱，防止权利人经济利益的损失，促进日本音乐文化在海外的普及。按照该款规定，同时具备下列四个条件时，对商业录音制品的平行进口、销售或者为销售而持有的行为，构成侵害著作权或者著作邻接权的行为：1. 禁止的对象是：与在国内首次或者同时发行的商业录音制品相同的为了在国外发行的商业录音制品。在国外首次发行的、仅仅在国外发行的商业录音制品不在禁止之列。2. 行为人主观上的要件是：明知上述商业录音制品是为了在国外发行的商业录音制品，为了在国内发行而进口、在国内发行、为了在国内发行而持有。3. 损害结果要件：由于将在国外发行之用的商业录音制品在国内发行，权利人在国内发行相同商业录音制品的可期待利益会受到不当损害。4. 期限要件：在国内发行的商业录音制品从首次发行之日起不超过7年。如果超过了7年，则将与此相同的商业录音制品平行进口到国内市场进行销售等行为不受禁止。

表演的录音介质或者录像介质或者录音复制品的行为，视为不侵害第二十六之二第一款、第九十五之二第一款或者第九十七条之二第一款规定权利的行为。

第一百一十四条 （损害额的规定等）

著作权人、出版权人或者著作邻接权人（本款以下称为著作权人等）对因故意或者过失侵害自己著作权、出版权或者著作邻接权的人请求赔偿自己因为侵害遭受的损失时，如果侵权行为人转让了因为侵权制作的物或者进行了构成侵权行为的公众传播（在自动公众传播的情况下，包括传播可能化），则其转让的物的数量或者公众接收公众传播而制作的作品或者表演等复制品（本款以下称为接收复制品）的数量（本款以下称为转让等数量）乘以不存在侵权行为时著作权人等可以销售的物（包括接受复制物）的单位数量的利润所得的数额，在不超过与著作权人等销售及其他行为能力相适应的数额限度范围内，可以作为著作权人等遭受的损害额。但是，存在著作权人等不可能销售的相当于侵权行为人转让数量的全部或者一部分的情况时，应当扣除与该情况相适应的数量。

著作权人、出版权人或者著作邻接权人对于故意或者过失侵害其著作权、出版权或者著作邻接权的人请求赔偿自己因为侵害遭受的损失，当侵权行为人因为侵权行为获得了利益时，该利益额推定为著作权人、出版权人或者著作邻接权人遭受的损失。

著作权人或者著作邻接权人对于故意或者过失侵害其著作权或者著作邻接权的人，与其行使著作权或者著作邻接权应该获得的金钱数额相当的数额，可以作为自己受到的损失请求赔偿。

前款的规定不妨碍请求赔偿超过同款规定金额的损失。在此情况下，侵害著作权或者著作邻接权的人不存在故意或者重大过失的，法院在确定损害赔偿数额时，可以酌情考虑。

第一百一十四条之二 （具体状况的说明义务）

在作者人格权、著作权、出版权、表演者人格权或者著作邻接权的侵权诉讼中，被告否认作者、著作权人、出版权人、表演者或者著作邻接权人主张的构成侵权行为的物或者因侵权行为制作的物的具体状况时，必须说明自己行为的具体状况。但是，被告存在不能说明的正当理由时，不在此限。

第一百一十四条之三 （文件的提出等）

在作者人格权、著作权、出版者权、表演者人格权或者著作邻接权的侵权诉讼中，根据当事人的申请，法院可以命令当事人提出为了证明侵权行为或者计算侵权行为造成的损失的文件。但是，文件持有者有拒绝提出的正当理由的，不在此限。

为了判断是否存在前款但书规定的正当理由，法院认为有必要时，可以命令文件持有者提示该文件。在此情况下，任何人都不得请求公开已经提示的文件。

在前款情况下，法院认为有必要公开前款后段的文件、听取请求人的意见以弄清楚是否存在第一款但书规定的正当理由的，可以对当事人等、诉讼代理人或者助理公开这些文件。

前三款的规定，准用于作者人格权、著作权、出版权、表演者人格权或者著作邻接权侵权诉讼中为了证明侵权行为的必要的检验目的的文件提示。

第一百一十四条之四 （当事人对鉴定人的说明义务）

在著作权、出版权或者著作邻接权侵权诉讼中，根据当事人的申请，法院命令对计算侵权行为造成的损失必要的事项进行鉴定时，当事人必须对鉴定人说明需要鉴定的必要事项。

第一百一十四条之五 （合理损失的认定）

在著作权、出版权或者著作邻接权的侵权诉讼中，虽然认定产生了损失，但证明为了确定损害额的必要事实极为困难时，法院可以根据口头辩论的过程以及证据调查的结果，认定一个合理的损失。

第一百一十四条之六　（秘密保持命令）

在作者人格权、著作权、出版权、表演者人格权或者著作邻接权的侵权诉讼过程中，关于当事人保有的商业秘密（指反不正当竞争法第二条第六款规定的商业秘密。以下同），在下列情形之一非常清楚时，法院可以根据当事人的申请或者自己的决定，命令当事人等、诉讼代理人或者助理不得为诉讼以外的目的使用该商业秘密，不得向根据本款规定接受命令的人以外的人公开。但是，到申请时为止，当事人等、诉讼代理人或者助理通过第一项规定的准备文件的阅读或者同项规定的证据调查或者公开以外的方法获得或者保有了商业秘密的，不在此限。

（一）已经提出或者应当提出的准备文件上记载了当事人保有的商业秘密，或者已经调查或者即将调查的证据（包括根据第一百一十四条之三第三款规定公开的文件）内容中包含了当事人保有的商业秘密。

（二）前项的商业秘密出于诉讼以外的目的被使用，或者由于公开该商业秘密可能给基于该商业秘密的当事人的事业活动造成障碍的，为防止此种情况发生，有必要限制该商业秘密的使用或者公开。

根据前款规定申请命令（以下称为秘密保持命令），必须在申请书中记载下列事项：

（一）应该接受秘密保持命令的人。

（二）确定作为秘密保持对象的商业秘密的足够事实。

（三）符合前款规定事由的事实。

发出秘密保持命令时，必须将决定书送达接受秘密保持命令的人。

秘密保持命令自决定书送达接受秘密保持命令的人时起开始生效。

对于驳回秘密保持命令申请的决定，可以即时申诉。

第一百一十四条之七 （秘密保持命令的取消）

申请秘密保持命令的人或者接受秘密保持命令的人，可以缺少前条第一款规定的要件为由，向保存诉讼档案的法院（没有保存诉讼档案法院的，指秘密保持命令发出法院）申请取消秘密保持命令。

对取消秘密保持命令的申请作出决定的，法院必须将决定书送达申请人和对方当事人。

对法院就取消秘密保持命令申请作出的决定，可以即时申诉。

取消秘密保持命令的决定，没有最终确定时，不发生效力。

在作出取消秘密保持命令的决定时，法院必须立即通知提出取消秘密保持命令的申请者和对方当事人以外接受了秘密保持命令的其他人。

第一百一十四条之八 （诉讼档案阅览请求的通知）

发出了秘密保持命令的诉讼（所有秘密保持命令已经取消的诉讼除外）所属诉讼记录，存在民事诉讼法第九十二条第一款的决定时，当事人提出同款规定的阅读秘密记载部分的请求而且办理了手续的，在诉讼中存在未接受秘密保持命令的人的，法院书记官必须在该请求提出后，立即将该请求通知同款规定的提出秘密保持申请的人（提出阅读请求的人除外）。

在前款情况下，自同款规定的申请提出之日起两周内（办理了申请阅读手续的人在申请日之前提出秘密保持命令申请的，至申请决定确定之日期间），法院书记官不得让办理了请求手续的人阅读秘密记载部分。

在提出民事诉讼法第九十二条第一款申请的所有当事人同意提出第一款请求的人阅读秘密记载部分时，前两款的规定不适用。

第一百一十五条 （名誉恢复等的措施）

作者或者表演者可以在请求代替损害赔偿或者在请求损害赔

偿的同时，请求故意或者过失侵害其作者人格权或者表演者人格权的侵权行为人采取适当的措施，以确保作者或者表演者身份，修正或者恢复其名誉或者声望。

第一百一十六条　（作者或者表演者死亡后人格利益保护的措施）

作者或者表演者死亡后，其遗族（指已经死亡的作者或者表演者的配偶、子女、父母、孙子女、祖父母或者兄弟姐妹。本条以下同）对于违反或者可能违反关于作者或者表演者的第六十条、第一百零一条之三规定行为的人，可以提出第一百一十二条的请求，对于故意或者过失侵害作者人格权或者表演者人格权的行为人或者违反了第六十条或者第一百零一条之三规定行为的人，可以提出前条的请求。

能够提出前款请求的遗族顺序，按照该款规定的顺序处理。但是，作者或者表演者的遗嘱对顺序有特别指定的，按照指定顺序处理。

作者或者表演者可以通过遗嘱指定代替遗族提出第一款请求的人。在此情况下，自作者或者表演者死亡之日第二年开始起满50年的（在此期间如果遗族存在，则自遗族死亡后），接受指定的人不得再提出请求。

第一百一十七条　（合作作品等的权利侵害）

合作作品的各个作者或者各个著作权人，未经其他合作作者或者著作权人同意，可以提出第一百一十二条规定的请求或对侵害著作权就其所占份额提出损害赔偿请求，或者请求返回与其所占份额相应的不当得利。

前款规定，适用于与共有有关的著作权或者著作邻接权。

第一百一十八条　（匿名或者假名作品权利的保全）

匿名或者假名作品的发行者，为了该作品的作者或者著作权人，可以用自己的名义提出第一百一十二条、第一百一十五条或者第一百一十六条第一款规定的请求，或者提出侵害该作品著作人格权或者著作权的损害赔偿请求，或者提出返还不当得利的请求。但是，作者的假名众所周知就是该作者或者进行了第七十五条第一款的真名登记的，不在此限。

在匿名或者假名作品的复制品上，以真名或者众所周知的假名作为发行者名并采用通常方法所表示的人，推定为该作品的发行者。

第八章　罚　　则

第一百一十九条

侵害著作权、出版权或者著作邻接权的人（第三十条第一款（包括准用于第一百零二条第一款的情形）规定的为私人目的而进行作品或者表演等复制的人、根据第一百一十三条第三款规定从事了视为侵害著作权或者著作邻接权（包括根据同条第四款视为著作邻接权的权利。第一百二十条之二第三项中的规定相同）的人、根据第一百一十三条第五款的规定从事了视为侵害著作权或者著作邻接权行为的人，或者下一款第三项、第四项列举的人除外），处十年以下徒刑或者 1000 万日元以下罚金，或者两者并罚。

具备下列情形之一的，处五年以下徒刑或者 500 万日元以下罚金，或者两者并罚：

（一）侵害作者人格权或者表演者人格权的（从事根据第一百一十三条第三款规定视为侵害著作人格权或者表演者人格权行为的人除外）；

（二）以营利为目的、使用第三十条第一款第一项规定的自动复制机器进行构成著作权、出版权或者著作邻接权侵害的作品或者表演等的复制的；

（三）根据第一百一十三条第一款的规定从事视为侵害著作权、出版权或者著作邻接权行为的；

（四）根据第一百一十三条第三款规定从事视为侵害著作权行为的。

第一百二十条

违反第六十条或者第一百零一条之三规定的，处500万日元以下罚金。

第一百二十条之二

具备下列情形之一者，处三年以下徒刑或者300万日元以下罚金，或者两者并罚：

（一）向公众转让、出租、以转让或者出租为目的生产、进口或者持有、供公众使用专门用来规避技术保护手段的装置（包括非常容易组装的零部件）或者专门用来规避技术保护手段的计算机程序复制品的人，或者将前述计算机程序复制品向公众传播或者传播可能化的；

（二）应公众请求，以规避技术保护措施为业的；

（三）以营利为目的，从事根据第一百一十三条第三款规定视为侵害作者人格权、著作权、表演者人格权或者著作邻接权行为的；

（四）以营利为目的，从事根据第一百一十三条第五款规定视为侵害著作权或者著作邻接权行为的。

第一百二十一条

发行将非作者的人的真名或者众所周知的假名作为作者名表示的作品复制品（包括将非原作品作者的人的真名或者众所周知的假名作为原作品作者表示的二次作品复制品）的，处一年以下徒刑或者100万日元以下罚金，或者两者并罚。

第一百二十一条之二

将下列各项所列商业录音制品（包括该商业录音制品的复制品（包括两个以上阶段制作的复制品））作为商业录音制品进行复制、发行该复制品、以发行为目的持有该复制品，或者进行该复制品许诺销售的（从声音首次固定在各项所列原盘之日第二年开始起算经过50年，从事该复制、发行、持有或者许诺销售的除外），处一年以下徒刑或者 100 万日元以下罚金，或者两者并罚：

（一）国内以制作商业录音制品为业的人接受商业录音制品制作者（符合第八条所列各项的除外）提供的原盘制作的商业录音制品；

（二）国外以制作商业录音制品为业的人接受表演者等保护条约缔约国国民、世界贸易组织成员国民或者录音保护条约缔约国国民（包括按照给缔约国法律设立的法人或者主要办公场所在缔约国内的法人）作为录音制品制作者提供的原盘制作的商业录音制品。

第一百二十二条

违反第四十八条或者第一百零二条第二款规定的，处 50 万日元以下罚金。

第一百二十二条之二

违反秘密保持命令的，处五年以下徒刑或者 500 万日元以下罚金，或者两者并罚。

前款之罪，对在国外犯同款罪者也适用。

第一百二十三条

第一百一十九条、第一百二十条之二第三项以及第四项、第一百二十一条之二以及前条第一款规定的罪，非告诉，不得提起公诉。

匿名或者假名作品的发行者，可就该作品所属的前款之罪提出告诉。但是，在第一百一十八条第一款但书规定以及该告诉违反作者明确的意思表示的，不在此限。

第一百二十四条

法人的代表人（包括没有法人人格的社团或者财团管理人），或者法人或者自然人的代理人、使用人以及其他从业人员，关于法人或者自然人的业务中存在下列违反行为时，除处罚行为人之